JN015502

日本語コミュニケーションに関するFAQ

よくある質問

〜異文化摩擦の最前線から〜

荻原 稚佳子

研究社

はじめに

　本書は、外国人に日本語を教える日本語教師や、働いている外国人と交流がある方々などに、日本語の特殊性や一般性を通して、母語話者から見た日本語と外国人から見た日本語は、必ずしも同じではないことを知っていただくために、外国人からよく出る質問（FAQ）を元にまとめた本です。また、外国人との交流はあまりないという方々にも、日本語の難しさや面白さを感じていただければと思います。

　まず、実際に日本語を話す外国人はどれくらいいるのでしょうか。出入国在留管理庁によると、日本で暮らしている外国人は、2022年6月の段階で296万人で、その大半が多少なりとも日本語を使って生活していると考えられます。日本の人口は、2022年8月の段階で1億2508万人ですから、その約2.4％に相当します。結構大勢いるのだなと驚かれた方もいるでしょう。

　また、海外に目を向けると、2018年の国際交流基金の調査では、142の国と地域に日本語を勉強している人がいると報告されています。その人数は、なんと385万人です。独学で日本語を学んでいる人もいるので、実際は、もっと多くの人が日本や日本文化に興味を持ち、日本語を学んでいるのです。海外で外国人から日本語で話しかけられるという機会も、今後増えることはあっても、減ることはないでしょう。

　今、この文章を読んでいる人の中には、外国人観光客が増えていることは知っていても、身の周りにあまり外国人がいないという人もいらっしゃるでしょう。けれども、日本在住の外国

人は、今後も着実に増加していきます。

　なぜなら、ニュースなどでも取り上げられていますが、2019年4月から「特定技能」というビザができ、これまで以上に多様な仕事をする外国人を受け入れることになりました。

　これまで外国人が日本で働くためには、何かしら特別な技能を持っていることが条件でした。いわゆる単純作業や現場作業の仕事は、日本人の労働の場を奪うことにもなるので認められず、外交や国際業務、芸術、教育、高度専門職など、日本人だけでは対応できないような仕事をする人に限って在住することが認められていました。

　しかし、日本の労働力不足は深刻になりつつあり、それを改善するため、「出入国管理及び難民認定法及び法務省設置法の一部を改正する法律」が施行され、特に人手不足が深刻化している建設業や介護など14業種について、現場作業などをする労働者にも日本在住を認めることになりました。

　これらの仕事をする人の在留資格の種類が「特定技能」なのです。2019年から2024年までの5年間に約34万5000人の外国人労働者を新たに受け入れようとしています。ちょうどコロナの感染拡大が始まった時期と重なったため、2022年6月現在、約8万7000人しか入国していませんが、方針としては、最初の5年間で34万5000人を受け入れていこうと計画しています。そうなれば、日本に在住する外国人は急増し、300万人を超える日も近いでしょう。

　これらの外国人は、一定の日本語力を持つことが入国条件となっていますが、条件となっている日本語のレベルは、生活に

不自由を感じないレベルとは言えません。

　また、日本在住の外国人は、大人だけではありません。小・中・高等学校にも、外国籍、または日本籍ですが、両親のどちらかが外国人という児童や生徒が増えています。その中には、学校生活や授業を受けるのに十分な日本語力に達していない児童や生徒もいます。令和3年度の文部科学省の調査によると、学齢相当（小学校・中学校相当）の外国人の子どもは約13万3000人で、前年より約9500人増えています。

　その中には、全く日本語がわからない子どもや、日常生活には不自由しなくても、教科の学習をするには十分な日本語力を持っていない子どもたち、話しは少しできても文字は読めない子どもまで、日本語力のレベルも様々、国籍も様々、家庭環境も様々な子どもたちがいます。

　このような社会の動きの中で、日本語を使うのは、日本人だけではないことがわかるでしょう。あまり身近に外国人がいないという人も、これからは日本語を使う様々な国の人が、子どもから大人までいることを意識せざるを得ない状況がやってきます。

　すると、それらの人たちと私たち日本人がコミュニケーションをする機会も当然増えてくるのです。その際に、日本人同士のときと同じ話し方をしていていいでしょうか。日本人同士なら、取り立てて説明しなくてもいいことでも、異なる言語文化を背景に持つ外国人にとってみれば、意味がはっきりわからない表現や違和感を持つ言葉の使い方はたくさんあります。言葉は、文法や語彙さえわかれば通じるわけではなく、使い方に

よっては通じないこともあります。

　例えば、「よろしくお願いします」は、日常的によく使用される日本語表現ですが、場面によって意味は大きく異なり、ある意味、曖昧な表現です。

　ある仕事を頼まれたときに、「この仕事、よろしくお願いしますね」と言われたら、あなたなら、「はい、頑張ります」などと答え、特に考えずに頼まれた仕事を真摯に行うでしょう。

　しかし、外国人がこの言葉を聞いたら、とても戸惑うのです。「よろしくお願いします」とは、「この仕事の何について、どのようにしてほしいと言っているのですか？」と問い返すかもしれません。具体的な内容が何も特定されない言い方は、多くの場合、外国人を悩ませます。

　様々な外国人とも楽しいコミュニケーションをして、誤解なくお互いを理解し合えるようになるためには、日本人同士で無意識に使っている日本語の使い方や日本語の特徴などを日本人も知っておく必要があります。

　本書の中で、日本人の視点に他の国の人々の視点も交えて、日本語の特徴やその使い方の特性についてお話ししていきますので、「どうぞよろしくお願いします」。

2023年3月

荻原稚佳子

目次

Part 3 | 語法・文法の「壁」

Part 4 | 言葉のバリエーションの「壁」

Part 5 | 非言語コミュニケーションの「壁」

Part 6 | 行動・対応の違いによる「壁」

本書は日本語検定委員会（特定非営利活動法人）のHPに連載した「世界から見た日本語コミュニケーション」（2013年4月から全24回）及び、月刊誌『教員養成セミナー』（時事通信出版局）に連載した「NIHONGO体験記——世界のコトバとくらべてみた」（2019年4月から全36回）を元にして再編集したものです。

外国人が
生活の中でぶつかる
「壁」

外国から日本に来て生活を始めると、様々な場面で思いがけない壁にぶつかります。それは、単に日本語が難しくてわからないのではなく、日本語の使い方や母語にはない言葉や使い分けがあるからです。本Partでは、どんなときに、どんなことについて苦労しているのかをご紹介します。

食事の後に
なぜ挨拶をするのですか？

《 挨拶にみる文化の違い 》

　日本語は挨拶表現の多い言語と言われます。初めて会った人には、「初めまして。どうぞよろしくお願いします」と挨拶し、新しい職場や学校では、「これからお世話になります」と挨拶します。私たちは自然にこうした挨拶をすることで、知り合いになるきっかけや親しくなるきっかけをつくるのです。

　ところが、外国人にとっては、こうした挨拶の一つひとつは覚えなければならない言葉であり、誰が誰に、どんなときにする挨拶なのかを説明されなければわかりません。

　それに母国語にはない挨拶もありますから、その意味をよく理解できないこともあります。

　例えば、食事のときの挨拶もその一つです。私たちは自然に「いただきます」で食事を始め、「ごちそうさま」で終わりますが、食事の前後に挨拶をしない国や文化も珍しくありません。

　特に、「ごちそうさまでした」は、なぜ言うのかわからないという留学生もいます。自分でお金を払って食べた食事に対して誰にお礼を言うのか、自分が料理して作った食事を食べ終わったときに、誰に挨拶をするのかわからないと言うのです。

　確かに相手がいてこその挨拶ですから、わざわざお礼を言う相手がいないのに、「どうして？」と感じるのも無理もありません。

　そんなとき、「ごちそうさまでした」は、料理を作ってくれた人や、その材料を生産して提供してくれた人々に感謝をするだけでなく、食事した肉、魚、野菜など、命あるものを食すことで私たちは新たな命、エネルギーをいただいたのだという気持ちから、生あるものに対して感謝をする言葉で、仏教の考え方が背景にあるのだと説明します。

　すると、それを聞いたある留学生は、「先生、深い言葉ですね」と言って、食後に忘れず「ごちそうさま」と言うようになり、好きな日本語の一つになったと言っていました。言葉の背景にある日本人の自然や生き物に対する感謝の気持ちを理解してくれたのだと思います。

　そして、そのような日本人の謙虚な気持ちに敬意を感じたのだと思います。

　他にも、初めて電話をした会社だったのに、相手から、「いつもお世話になっております」と言われて驚いたという話も聞きます。これも、儀礼的な表現であるだけではなく、会社にとってはすべての人や会社が、将来お客様となりえるという考え方が根底にあるから定着した感謝の挨拶ではないでしょうか。

　「よろしくお願いします」という挨拶も、外国語にはなく、訳すことが難しい挨拶表現の一つです。自分一人で生きているのではなく、職場や学校、寮など、社会の中でいろいろな人に

助けられて人は生きていくという日本人の考え方から生まれた挨拶と言えるでしょう。

さらに、書き言葉、特に手紙では、季節ごとに独特の挨拶表現があります。

4月なら「陽春の候」、5月なら「薫風の候」など、季節と挨拶は密接に関係していて、手紙の冒頭に必ず時候の挨拶を入れます。外国人は季節の移り変わりをそれほど意識していない人も多く、四季があり自然とともに生活している日本人ならではのコミュニケーションの表現です。

話し言葉でも、「いいお天気ですねえ」と天気の挨拶をするのは一部の外国人にとっては妙なコミュニケーションで、「ことさら言わなくてもいい天気とわかるのに」と不思議がる人もいます。

それは、コミュニケーションを始めるきっかけとなる挨拶表現で、季節の移ろいを感じて伝えるというだけではなく、「言葉を交わすことで親しくしましょう」という意思や親愛の情が挨拶の中に含まれているのです。

情報を伝えることを目的とした会話を「リポート・トーク」と言いますが、コミュニケーションには、親密度や信頼関係を深める「ラポート・トーク」（rapport-talk）としての目的も含まれています。

世界の中では「リポート・トーク」を優先するコミュニケーションスタイルも多く、先の例では「ラポート・トーク」を重要視する日本的コミュニケーションをその外国人は理解できなかったのでしょう。

　このように、日本語コミュニケーションでは様々な特徴的な挨拶表現がありますが、新しい環境に入るとき、挨拶は非常に重要です。人間関係の基本であり、礼儀だからという以上の意味が挨拶にはあるのです。

　慣れない職場や入学したばかりの学校でも、「おはようございます」と皆さんに明るく挨拶すれば、「おはよう」と返してくれ、よく知らない人も「あの学生さんは感じがいいな」と思ってくれたり、「元気な社員がいるね」などと覚えてくれたりします。

　毎日それを続けていれば、相手から挨拶をしてくれるようになるでしょう。挨拶を交わしている相手とは、仕事や勉強の話もしやすくなりますし、存在感も増すでしょう。

　新たな一歩を踏み出した人は、様々な挨拶表現を意識して使うことで、日本人はもちろん、外国人も職場や学校でコミュニケーション上手になれるでしょう。外国人と「初めまして」と挨拶するだけでなく、この習慣を外国人の皆さんにも教えてあげるといいのではないでしょうか。

「もしもし」、
それとも「こんにちは」？

《 電話での挨拶・話し方 》

　外国人との会話で、意味がわからないわけではないけれど、なんだか違和感を感じたことがある人は、結構いらっしゃるのではないでしょうか。その違和感というのは、「言いたいことはわかるけれど、何か違う」という感じです。会話でもときどきありますし、電話でもその違和感を感じることがあります。

　例えば、私が教えている大学を卒業した留学生が近況を知らせるために電話をくれることがあります。久しぶりに聞く卒業生の声に懐かしさを感じますし、元気に社会で活躍している卒業生の近況を知ることができるのは、とてもうれしいものです。

　しかし、電話の場合、第一声で違和感を感じることがあります。それは、「先生、こんにちは」です。皆さんが大学や高校で親しかった先生に近況報告の電話をする場合、第一声として何と言いますか。多分、まず「もしもし」とか、「お忙しいところすみません」と言って、それから、「××年に卒業した○○と申します。先生、お久しぶりです」のような話し方をするのではないでしょうか。

　ところが、どういうわけか、外国人からの電話では、「こん

にちは」が第一声ということが多いです。決して、話し方が馴れ馴れしいわけではなく、その後の会話では敬語を使いこなして、なおかつ、学生時代のように親しい感じで話してくれます。直接対面する場合なら、「先生、こんにちは」と言われても全く違和感はないのですが、電話では、ちょっと驚きます。卒業生にとってみれば、親しくしていた先生と久しぶりに話すので、「こんにちは」と挨拶することは、普通のことだと感じているようです。

　また、留守番電話にメッセージを残してくれる卒業生もいます。せっかく電話してくれたのに、直接話せなくて非常に残念ですが、留守電で聞き覚えのある声が聴けるのもうれしいものです。

　ただ、その場合の話し方も、日本人とはちょっと違うなあと感じることがあります。日本人からの留守電メッセージであれば、自分の名前を名乗った後、ほとんどの場合、何の用件で電話をしたのかという情報を、まず話してくれます。

　例えば、「私、××年卒業で荻原先生のゼミ生だった○○です。お久しぶりです。今年の同窓会のことでご連絡させていただきました」とか、「先生、ご無沙汰しております。卒業生の○○です。同期の△△さんから、オープンキャンパスのお手伝いのことを聞いてお電話しました」などです。

　どうして今回電話をしたのかという概要を、まず述べることが多いのです。話の詳細を述べる前にこうしたメタ情報を相手に伝えることで、聞き手に早い段階で電話内容を理解させることができます。留守電のような短いメッセージの場合、こうし

たメタ情報は、用件の事前理解に非常に役立ちます。

　けれども、外国人の場合は、こうしたメタ情報なしに詳細な話を始めることが多いようです。かなり話を聞いていかないと何を目的とした電話なのかがわからず、理解に時間がかかることが多いのです。

　留守電でないときも、特に、久しぶりの人の場合、お互いの健康や仕事、友人との交流など近況をいろいろ聞きたくなるので、ついつい話が長くなります。単に近況報告で電話してきたのだと思っていたら、突然、用件を話し出すということもあります。ときには、近況についての話があまりに長いので、逆に、こちらから「今日は、何かあって電話してくれたの？」と電話の目的を問うこともあります。

　こうした例は、日本語力の問題もあるかもしれませんが、話の運び方の違いで相手の理解を難しくしていると思われます。

　また、他にも、留守番電話に残されたメッセージについて違和感を感じる点があります。それは、メッセージを聞いた後にどうするかという問題についてです。日本人の多くは、最後に「また、こちらからお電話いたします」とか、「またかけ直します」などと言って、メッセージに次の接触方法について残してくれることが多いです。

　けれども、外国人の場合は、改めて電話し直すというメッセージがなかったり、メッセージがあっても「ご都合のいいときに、こちらにお電話ください」とか、「お時間があれば、お電話いただけますか。よろしくお願いします」という、こちらからかけてほしいというメッセージの場合があります。

　相手の人柄をよく知っている場合は、こちらの都合を優先できるという意味で、電話をもらった方からかけ直すという方法が合理的で、忙しい私のことを気遣ってくれているのかなとも受け取れます。けれども、一般的には、そのようなメッセージについて、自分の都合で電話をかけてきたのだから、かけてきた本人が再度かけ直すべきではないかというふうに思われるかもしれません。

　どの例も、決してこうしなければならないという規則があるわけではないのですが、日本人社会の中では、電話に関する「暗黙の了解」であったり、慣れ親しんでいるやり方があり、それが習慣化しています。そのため、その習慣的なやり方と違う方法での電話のやり取りがあると、自分でも意外なくらい違和感を感じるのです。決して、相手の外国人は悪気があるわけではなく、自分なりに親しさを言葉に表そうとしたり、相手のことを気遣っていたりするのですが、受け取る側からすると、その気持ちに沿えないこともあるのです。

　他文化の電話に関する習慣については、例えば、中国人の留学生から聞いたところによると、中国では留守番電話機能は、ほとんど利用することがないそうです。日本に来て初めて留守電のことを知ったと言うのです。ある日、友人に電話したら、突然、「ピーっという音の後にメッセージをどうぞ」と言われて、どうしていいかわからず、「あのー、あのー」と言っている間に時間切れになってしまった、と話していました。

　こうした事情も踏まえて、日本語教育として、こういう日本人の考え方や感じ方について教える必要性があると感じます

が、かといって、「その言い方は違うでしょう」と相手に指摘して直してあげるというのも、やりすぎだと思います。様々な国の人々と日本語コミュニケーションをとっていくには、電話の場合もやり方や習慣の違いがあることをまず知り、その違いをおおらかに認め合う必要があると言えるでしょう。

「ガチャ」っという音、何の音？

　海外の書店をのぞくと、多くの日本の漫画が並んでいますが、映画やテレビアニメでも同様に日本の作品が目につきます。特に、漫画は日本とあまり時間差を置かず出版されているようです。ですから、外国人でも海外の漫画ファンは、あまり漫画を読まない私などより、よほど日本の漫画のことに詳しくて、教えてもらうことがよくあります。

　ただ、日本の漫画を外国人が読む場合、ときどき困ることがあるそうです。その一つが「オノマトペ」です。オノマトペという言葉は聞きなれない方もいらっしゃるかもしれませんが、「ワンワン」「ニャンニャン」「カタカタ」「ゴトゴト」など、生き物の鳴き声や物の音などを表現した擬音語（擬声語）のことを言います。

　最近は「にこにこ」「きらきら」のような感覚、様子、心理状態、事象の様子を表わす擬態語も含めて使われることが多いようです。これらを総称して、音象徴語とも呼びます。

　このオノマトペですが、日本語には非常に多くの種類があり、日常的に多く使用されています。これらの言葉は、音象徴語と言うように、音から受ける印象に基づいてオノマトペの意

味付けがなされています。

例えば、「初めはさらさらだったのに、窓をずっと開けておいたら、机の上がざらざらしてきたね」と言われて、どのような様子かすぐ想像できるでしょうか。

「さらさら」は乾燥していて湿り気や粘り気のない滑らかさのある様子を想像すると思います。そして、「ざらざら」は、窓から入ってきた砂埃や黄砂の影響などで、机の上に細かく固い粒状のものが広がっている感じをもったのではないでしょうか。

「さらさら」と「ざらざら」では、濁点が付くか付かないかの違いだけなのですが、滑らかで乾いた円滑な印象のあるものと、細かく固い違和感がある印象のものとで全く異なる意味になります。

「ころころ転がる」と「ごろごろ転がる」も濁点の違いだけですが、転がっている物について異なる印象があり、「ころころ」は小さくて丸っこい物を想像しますが、「ごろごろ」は岩のような大きくて少しいびつな感じの物を想像します。このようなちょっとした音の違いが大きな印象の違いになり、オノマトペを使うことで様々な情報を伝えているのです。

ですから、音に対する感覚や持っているイメージが同じ人同士であれば、オノマトペはとても便利なもので、多くの説明をしなくてもオノマトペだけでいろいろな情報を伝えることができます。

けれども、音に対する感覚や持っているイメージが異なる人同士になると、使われたオノマトペがどのようなものを表すか

が全く想像できず、意味がわからないという状況が起きます。

　日本の漫画にもオノマトペは多用されています。短い言葉で物事の様子や人々の感情を表すことができるので、一コマに書ける文字数が限られている漫画には、なくてはならないものなのです。ただ、いまや世界中の人が読者と言ってもいいような状況ですから、オノマトペで伝えようとした情報がうまく伝わらない可能性も高くなります。

　ある中国の学生が、『名探偵コナン』の漫画が好きで読んでいたのですが、「オノマトペは本当に難しい」と言って嘆いていました。どのようなものが難しいのかを尋ねてみると、次のような話をしてくれました。

　ある場面で、コナンがある屋敷の一部屋に忍び込みます。扉を開け、真っ暗な部屋に入って2、3歩あるいたときに、背後で「ガチャ」という音がしました。部屋の中にいるのはコナン一人で、背景に「ガチャ」という文字が書かれているだけです。コナンの表情からは、少し驚いた様子がわかりますが、背後で何が起きたのかは漫画の絵からはわかりません。中国の留学生は、この場面を見て、何が起きているか、全くわからなかったそうです。そして、「ガチャ」は何だろうと随分考えたと言っていました。

　皆さんは、この場面で何が起きているかがわかったでしょうか。その答えは、「コナンはその部屋に閉じ込められた」のです。そして、「ガチャ」というのは、部屋の鍵が何者かによって閉められたときの音です。皆さんの想像と合っていたでしょうか。物語の前後関係がわからなくても、ほとんどの人は想像

することができたのではないでしょうか。

　では、こんな場面はいかがでしょうか。コナンが古い空き家に入り、廊下を歩いて、ある部屋にたどり着きます。その部屋に入って何かを探していたとき、コナンの背後に「ギシギシ」というオノマトペが書かれていました。一体何が起きているかわかりますか。

　ほとんどの人は、廊下を誰かが歩いてきた、誰かほかの人がいる、と想像できると思います。しかし、その中国人の学生は、何の音かさっぱりわからず、これは何かを探すときの音なのだろうかとか、「ギシギシ」と鳴く虫がいるのだろうか、などと想像したそうです。そこで、古い日本家屋だと、廊下を歩くときに板がきしんで「ギシギシ」という音がすることを説明し、だから、コナンの後ろを誰かがつけてきているのだろうという話をしました。すると、次の場面でコナンが「ハッ」と驚いた顔をしたことが、やっとこれで理解できたと言っていました。

　オノマトペの意味がわからないのは、この中国人の学生だけではなく、その場に居合わせた留学生全員が、何の音かが全くわかりませんでした。逆に、どうして日本人は「ガチャ」とか、「ギシギシ」だけでこのような状況がわかるのかと不思議がられました。

　彼らにとっては、「さらさら」と「ざらざら」、「ころころ」と「ごろごろ」のニュアンスの違いも全くわかりませんし、想像すらつきません。これらのオノマトペは、それぞれ他の単語と同じように、意味と使い方を覚えていくしかないので

す。そう思うと、オノマトペの存在は、簡単で便利な言葉ではなく、無数にある訳のわからない言葉に変わってしまいます。それを一つひとつ勉強して覚えなければならないと思うと、ちょっと気が遠くなってしまうかも知れません。

　日本人同士の会話なら、何かを説明するときにオノマトペを使って様子を生き生きと伝えるのは問題ありませんが、外国人とおしゃべりするときには、オノマトペを多用して何かを説明しても、かえってわかりにくいということがあります。そういうときは、具体的にどのような様子で、何が起きたのかを丁寧に説明する必要がありそうです。

「もふもふ」してるものって何？

《オノマトペ2》

　もう少し、「オノマトペ」のお話をしましょう。毎年文化庁が「国語に関する世論調査」を行っていますが、2013年9月にオノマトペに関する調査をしています。

　少し前の調査ではありますが、これは全国の16歳以上の男女約3500人（有効回答者は2153人）を対象に行ったもので、その中で、「うるうるとした瞳」「きんきんに冷えたビール」「パソコンがさくさく動く」などについて調べています。

　「うるうる」「きんきん」「さくさく」などの表現を、皆さんは使ったことがありますか。

　調査結果によると、「うるうる」については85.1％の人が、「きんきん」については76％の人が聞いたことがあり、そのうち、意味がわからないと答えた人は0.2〜0.3％でした。

　「さくさく」については聞いたことがあると回答した人は38.3％と少なかったのですが、その意味がわからないと回答した人はいませんでした。

　そして、すべての表現について30代が最も使用する割合が高かったとのことです。

　この結果から見る限り、「うるうる」「きんきん」は大半の

人に理解され、多く使用されている表現ですが、この当時、「さくさく」については、まだ使用している人が一部に限られていましたが、使用されている範囲内では、かなり一般化した言い方になっていたとわかります。

　このようなオノマトペは、今では、皆さんも日常的に使用しているのではないでしょうか。

　「今日は太陽がぎらぎら照りつけて、ちょっと歩いただけで汗がだらだら流れてきたよ」「あの店のうどんは、もちもち、つるつるしていておいしいね」「皮がさくさくっとしてるシュークリームが好き」「ぺちゃぺちゃしゃべってないで、てきぱき仕事して、さっさと終わらせて」などと、例を挙げるときりがありません。

　これらのオノマトペは、上述の調査の「さくさく動く」のように新しく創り出されたり、新たな意味で使用されたりすることがあります。

　私は、2013年頃、「もふもふ」というオノマトペが使われていることを初めて知りました。学生に聞いてみると、その数年前から使っていたと言っていました。オノマトペは新たに作られ、知らない間に生活の中に定着していっているのです。

　「もふもふ」は、現在ではかなり定着していると思いますが、毛布やぬいぐるみなど、柔らかくて温かみのある布でできている物に対して使用し、手触りのソフトな弾力や空気を含んだようなふくらみのある感覚を表しています。皆さんも使っているでしょうか。最近では、ネコやイヌなどの柔らかい被毛の感触にも使われているようです。

このようなオノマトペは、表している感覚や心理状態、様子や様態と、その語の音自体に何かしらの関係があると言われています。

　聴覚などの五感により得られる知覚情報が脳に描く印象のことを、認知科学では「クオリア」と呼んでいます。

　例えば、「かきくけこ」のK音は硬さ・強さ・緊張感・スピード感・回転・乾きなどをイメージしますが、「さしすせそ」のS音は、空気感・爽快感・摩擦のなさ・静けさ・滞りがない様子などをイメージすると言われています。それぞれの音が持つ感覚や音から受けるイメージがあるのです。

　しかも、これらの感覚やイメージが、日本語母語話者なら、大体共通しているのです。

　これは、日本人が日本語という共通した言語を使い、似たような文化の中で生活してきたから、同じ感覚やイメージを持てるようになったのではないかと考えています。わざわざ多くの言葉を尽くして詳しく説明しなくても、ある音を使って短い言葉で端的に感覚を説明できるという能力を日本人は持っていると言えるでしょう。

　ある音に関する「クオリア」が共通なのは当たり前と思う方もいらっしゃるかもしれませんが、これは驚くべきことなのです。

　その証拠に、外国人にとっては、共通の「クオリア」を持っていないために、オノマトペは非常に理解が難しく、音を聞いただけで、その感覚や様子が何となくわかるということ自体が彼らには理解できません。ましてや、音を聞いただけで、その

意味がわかるということは、ほとんどないのです。

　そのため、日本語を学んでいる人は、オノマトペは一つひと　つ覚えるしかなく、オノマトペを多く使って話される会話は、理解が非常に難しくなります。

　「もふもふした物にすりすりしたら、ほっこりしてほんわかした気分になったんだ」とか、「がんがん飛ばしてきた車が、そこの道できゅーっと曲がったんだけど、あの道はでこぼこだから、ばたんばたんして、がしゃーんと壁につっこんで、ずっどーんと家にぶつかって止まった。車はもうぺっしゃんこだよ」と言われても、何が何だかわからず、「きちんと言葉で説明して」と叫びたくなるそうです。

　皆さんは、オノマトペなしでこれらを説明できますか。外国人にオノマトペを使わないできちんと説明できるようになったら、使える語彙がかなり豊富になり、説明力がつきそうですね。

　これからグローバル社会で様々な外国人と意思疎通していくためには、オノマトペに頼らない話し方も身につける必要があるかもしれません。

05

優良企業紹介セミナーは
有料ですか？

《 同音異義語 》

　2020年に入ってから、新型コロナウイルスのために多くの人が様々な影響を受けています。日本で学んでいる留学生も例外ではありません。大学は遠隔授業になり、学びの形態が大きく変わりました。そして、アルバイト先の職場が閉店したり、時短営業のためアルバイト時間が削られたりして、自分で働いて生計を立てたり、学費を出している留学生の生活が打撃を受けました。また、コロナ禍での経済活動の停滞は、多くの日本企業にも打撃を与え、それが、留学生の就職難につながっています。

　経済的な影響は2020年4月ごろから徐々に出てきたので、その年は大学4年生でも、早く内定をもらった学生は、何とか影響を受けずにすみました。しかし、例年4年生の留学生に対する新卒学生募集は、日本人学生への募集が終わったころから本格化する傾向があり、まさに就職活動と自粛の時期が重なってしまいました。

　そのため、2020年は、なかなか内定をもらえない4年生留学生が多くいました。

　大学側も留学生の就職活動に対して憂慮し、学内で「企業セ

ミナー」を開いたりして、就職活動を支援しました。

　そこで、当時、Zoomでゼミを行っていた際に、翌月行われる「優良企業紹介セミナー」について伝え、まだ、内定をもらっていない留学生に日程や内容について話しました。留学生たちは「是非、参加したい」と意気込みを見せていました。そして、このセミナーについての話を終わろうとしたとき、一人の女子留学生が控えめに「先生、そのセミナーの参加費はいくらでしょうか？」と聞いてきたのです。

　その質問を聞いて、この学生はいったい何を言っているのだろう、参加費をとるセミナーなんてあったかなと、ちょっとの間ですが、戸惑いました。そして、「参加費？　もちろん、いつも通り、就活関係のセミナーは全部無料ですよ」と答えました。すると、その学生は、「あ、さっき、有料っておっしゃったから」と画面の向こうでつぶやいたのです。そこで、「あっ！」と気づきました。皆さんは、学生が参加費を尋ねた理由がわかりましたか。

　そうです。「優良企業紹介セミナー」と私は言ったのですが、学生は「有料企業紹介セミナー」と思ったのです。「優良」と「有料」。確かに、聞いただけではどちらかわかりにくいですね。思わず笑ってしまいましたが、「優れた企業」の「優良企業」だと説明したら、留学生も大笑いしていました。無事、その学生は無料の「優良企業紹介セミナー」に参加することになりました。

　このような間違いは、日本語に同音異義語が多いことから生まれることがよくあります。文字で書いたものを読んだら絶対

間違えないようなことでも、音声で聞いただけでは、一瞬何のことかわからないことや意味を取り違えてしまうことがあります。皆さんは、このような経験はないでしょうか。

　以前、「仏壇には、いつもセイカを飾っていますよ」と説明したら、留学生が「本当ですか。じゃあ、僕、スーパーのセイカ売り場でバイトしていますから、新鮮でおいしい野菜を持ってきます」とうれしそうに話してくれたことがありました。「生花」と「青果」。申し出てくれた気持ちはうれしかったのですが、毎日野菜は仏壇に飾りませんね。

　また、顧問をしている生け花サークルのメンバーと近くのレストランに食事に行くことになったとき、ふと月曜日だと気づいて、「あ、今日、あのレストランはテイキュウ日だわ」と言ったら、学生が「先生、テイキュウなレストランはやめましょう。先生と行くのですから、もっといいレストランにしてください」と強い口調が返ってきました。何を不機嫌そうに言っているのだろうと不思議に思ったのですが、その学生は、いつも礼儀正しい学生で、「学生に合わせて先生を低級なレストランにお連れするなんて、そんな失礼なことはできません」と真剣な顔で話していました。でも、それは「定休」と「低級」の勘違いでした。誰だって「低級」と言われたら、そんなレストランに行くのは嫌ですよね。

　その他にも、「その時代を反映している出来事です」と説明したら、「その時代は、繁栄していたのだ」と思い込んでしまった学生や、「あの選手はこのところ不振だから」と言ったら、「そうですか。あの選手はみんなから疑われているのです

か」と「不振」と「不信」を取り違え、勘違いしてしまった学生など、同音異義語に気づかず、ちょっとした聞き間違いも加わって、全く違う意味に解釈してしまったという例は多々あります。

　日本語の母語話者なら、その語彙の前後関係だけでなく、語彙の使い方など様々な情報から、同音異義語があっても、的確に選び取り、全体の意味を正しく解釈できます。しかし、外国人の場合は、まず、聞き取りそのものについて正確に聞き取ることは難しいですし、「低級な店」と「定休の店」のようなそれぞれの語彙の助詞の使い方など、前後の言葉のつながりなどで違いを認識することも難しいです。

　その上、語彙力の面で、母語話者に比べて大きなハンディがあり、「不信」は知っていても、「不振」という言葉は知らないということもあります。

　日本語は、実は、語彙数の多い言語です。英字新聞を読むためには、2000語〜3000語を知っていれば、新聞記事の内容を80％くらい理解することができると言われます。それに対して、日本語の場合は、新聞記事の内容を8割理解するためには、8000語〜10000語知っていなければならないと言われています。語彙の豊富さは、表現の豊かさにつながり、多様で豊かな表現をすることができる言語という良さがありますが、それを学習して使いこなさなければならない外国人にとっては、大変な苦労が必要だと言えるでしょう。

　だからこそ、外国人と話すとき、同音異義語が多い漢語を使用する場合には、少し言い換えてわかりやすく言ってみたり、

やり取りをしていて何かおかしいと感じたら、どういう意味で理解しているかを確認していく丁寧なコミュニケーションが望まれます。テンポよく話すのも楽しいですが、お互いにとってわかりやすい丁寧な話の進め方もあっていいのではないでしょうか。

06

「口」や「目」は
何を表していますか？

《 身体のメタファー 1 》

　皆さんは、普段の会話などで慣用句を使うことがあります
か。慣用句というのは、2語以上の言葉が結びついて、文字通
りの意味ではなく、全体としてある特定の意味を表すものを言
います。

　日本語には様々な慣用句がありますが、体の一部を使った慣
用句もたくさんあります。例えば、「口を封じる」と言えば、
本当に口に封をするわけではなく、「都合の悪いことを言った
り秘密が漏れたりしないように黙らせること」を意味します
が、「口」が単なる体の一部としての意味ではなく、「何かを
言うこと」「発言すること」という意味で捉えられています。

　「口を封じる」のような慣用句なら、もしその慣用句の意味
を知らなくても、「口」が言葉を発する器官であることから、
なんとなく「発言させなくする」のだと想像できます。外国人
にとっても、こういう慣用句なら、自分から使うことはなくて
も、意味を想像できて理解することができます。中国語の母語
話者の留学生に聞いたところ、中国語にも「口を封じる」と同
じような慣用句があるそうで、「封口」「封嘴」「封住〜的
嘴」などと書いて、「無理やり黙らせる」「他言させない」と

いう意味で使うそうです。中国語では「嘴」は「口」の意味で使われる語なので、ほぼ同じ慣用句があると言っていいと思います。

けれども、このような同様の慣用句が必ず存在するとは限りません。中国語の母語話者の留学生に聞いたところ、やはり日本語には全く聞いたことがないような慣用句がいくつもあると言っていました。

例えば、「口が裂けても〜」とか「口が腐っても〜」「口を割る」などの慣用句は、同じ「口」を使った慣用句でも、聞いたことがないそうです。どれも「口」が話すことを表している慣用句ですが、「口が裂けても〜」や「口が腐っても〜」という慣用句は、「秘密などを決して漏らさない」という決意を述べるときに使います。「口を割る」は、「知られていないことや事実・秘密などを白状する」という意味で使います。

つまり、日本語では「口」は単に話すという意味を表すだけではなく、かなり強い意志を持った決意により発言する、という意味も含んでいることがわかります。

すでに慣用句の意味を知っている日本語の母語話者にとっては、想像できることかもしれませんが、初めてこの表現を聞いた外国人にとっては、「なぜ口が裂けたり、腐ったり、割れたりするのだろう？」と意味を推測するのが難しくなります。

同様に、「口」だけでなく「目」を使った慣用句にも中国語にはない表現があり、「目を皿にする」「〜に目がない」「目をかける」などは、聞いてもどのような意味なのか、全く想像がつかないと中国語母語話者の留学生が言っていました。

　この感覚は、実際に知らない言葉に遭遇しなければわかりにくいかもしれません。例えば、皆さんは、「口元に髭がない」「唇を擦る」「上瞼と下瞼が喧嘩する」という表現を聞いて、それぞれどのような意味を表しているかを想像することができますか。これらは、中国語で実際に使われている慣用句です。

　「口元に髭がない」という慣用句は、口元に髭がない人は社会経験のない若者であることから、「仕事をする上での確かさに欠ける」という意味であったり、若者は経験が浅いので、「仕事がうまくいかない」という意味で使ったりするそうです。

　そして、「唇を擦る」というのは、「時間をつぶすために無駄口をたたく」という意味で使われる慣用句だそうです。

　「上瞼と下瞼が喧嘩する」というのは、「非常に眠い様子」の喩えとして使われる慣用句です。皆さんが想像した意味と似ていたでしょうか。私は全く想像がつきませんでした。想像以上に、慣用句の意味を推測するのは難しいと思いませんか。

　このように、同じような慣用句が母語にない場合、慣用句だとわかっても、意味を推測するのは大変なことなのです。

　もっと微妙なのは、同じような意味の慣用句があるにも関わらず、そこで使われている体の部分が異なる場合です。例えば、日本語には、「口で言うことと本当に考えていることとは別である」という意味を表す慣用句として、「口と腹とは違う」という言い方をすることがあります。中国語にも同じ意味で使われている慣用句があるのですが、それは、「心口不一」

「口是心非」という表現で、直訳すると「口と心とは違う」という言い方です。つまり、「本当に考えていること」「本心」のことを日本語では、「腹」を使って表し、中国語では「心」を使って表しているのです。

　日本語では、「腹黒い」「腹に一物がある」「腹を割って話す」などのように、「本心」「本当に考えていること」は「腹」に隠されていると考えられていますが、中国語では「本心」は「心」にあって「腹」にはないのです。日本語と中国語では、「腹」に対する認識が違うと言えます。

　また、「距離が非常に近いこと」を日本語では「目と鼻の先」という表現を使って表しますが、中国語では「唇歯之間」と言って「唇と歯の間」という表現を使って表します。日本人の感覚では、近いというより接しているという感じがして、隙間がないという意味かと勘違いしてしまいそうです。

　さらに、日本語では「目は口ほどに物を言う」という慣用句が示すように、「目に感情が現れる」という表現を使いますが、中国語では「眉毛と目の動きは感情を伝える」という表現を使います。中国人にとっては、目だけでは十分な気持ちはわからず、眉毛と目の動きで、その人の気持ちが口で表現するのと同じくらいわかると考えているようです。

　このように、体の一部を使った慣用句というのは、どの言語にも非常に多くありますが、その言語によって似ていたり、微妙に違ったり、全く存在しなかったりして、なかなか意味を理解するのが難しいのです。

　慣用句は、使えるようになると楽しく自分の感覚を的確に伝

えられる表現なのですが、外国語の慣用句を的確に使いこなすのはなかなか容易ではありません。もし、外国人が、なんだか不思議な喩えや表現を使っていたら、どういう意味で使ったのかを是非聞いてみてください。その言語文化でその体の部分をどのように考えているのかが垣間見えるかもしれません。

お腹の中に何があるのですか？

《 身体のメタファー２ 》

　日本語を学んでいる外国人は、映画を見て日本語の勉強をすることがあります。大学でも留学生向けの日本語クラスで、自然な日本語や日本人の行動や文化について学ぶために映画はよく利用します。

　授業である映画を見ているとき、登場人物の男性が相手の男性に向かって、「今日は腹を割ってとことん話し合おう」と言って、誤解からこじれた人間関係を修復しようとする場面がありました。その場面の直後、DVDを止めて内容について確認を始めようとしたとき、留学生が一言、「先生、今でも腹切り、ありますか？」と不安そうな顔で尋ねました。

　私はその留学生の言っている意味が一瞬わからず、驚いて「腹切り？　切腹ですか？」と聞き返しました。すると、留学生は、「あの男の人は腹を割って何とかと言いました」と言うのです。

　「腹を割る…、確かにねえ」と私は思わず笑ってしまいました。この慣用句の意味を知らなければ、文字通りの意味に解釈し、日本文化をある程度知っているので、「日本 → 侍 → 武士道 → 切腹」と連想し、「腹を割る」＝「切腹」と考えても

不思議はありません。

　慣用句の意味を教えたら、その留学生は、ほっとした顔で、「私はいつも友だちと腹を割って話しますよ」と明るく言っていました。

　前項でも述べましたが、このような体の一部を使った慣用句は、日本語にはとても多くあります。

　「頭にくる」「顔が広い」「目が利く」「耳が早い」「口が堅い」「首を洗う」「胸をなでおろす」「腰が据わっている」「腕がいい」「足がつく」と、体の部位ごとに様々な慣用句があります。

　このような慣用句は、「顔が広い」と言っても、文字通りの意味で、本当にその人の「顔」が幅広くて大きいわけではなく、「顔」が「その人の人間関係の幅」や「交際範囲」を表して、知り合いが多いことを意味しています。つまり、抽象的な概念である「交際範囲」について、具体的なものである「顔」で喩えているのです。

　このようなものを「メタファー（隠喩）」と呼んでいます。「人生は旅である」などの表現も、いろいろな出会いと出来事がある「人生」を、身近な「旅」に喩えているメタファーです。

　このようなメタファーによる慣用句は、どの言語にもありますが、喩え方が言語によって異なる場合があります。

　例えば、先ほどの「腹を割って話す」は英語の場合、"have a heart-to-heart talk"と表現しますし、「腹黒い」は"blackhearted"となります。つまり、日本語では、「腹」に人の「本心」「本音」があり、それをさらけ出して正直に話す

ときは「腹を割る」し、本心に邪念がある場合は「腹黒い」となるのです。

　けれども、英語では、その本心は、"heart"、つまり「心臓」にあるのです。皆さんにとって「心臓」に本心があるという感覚に違和感はありませんか？

　私には、心臓の中に何かあるようには思えず、お腹の中のほうがしっくりきます。

　さらに言えば、英語では、"heart"を使ったメタファーが数多くあり、"lose one's heart"（恋に落ちる）、"coldhearted"（心の冷たい）、"heartbreaking"（胸が張り裂けるような）など、"heart"は「本心」だけでなく「心」も表し、感情や感覚的なものが「心臓」を使って多く喩えられています。

　その一方、日本語では「心臓」を使った慣用句は非常に少なく、「心臓が強い」「心臓に毛が生えた」で使われるくらいで、「厚かましさ」や「ふてぶてしさ」を表しています。

　このように、メタファーによる体の一部を使った慣用句を見れば、その文化で身体の各部位がどのような場所として捉えられているかがわかります。

　日本語では、「胸」は「胸が熱くなる」「胸が裂ける」「胸が一杯になる」「胸がすく」など、「情」を表すときに喩えとして使われていますし、「頭」は「頭がいい」「頭が切れる」のように「知性」や「脳の働き」を表し、「腕」は「腕が立つ」「腕に覚えがある」「腕が上がる」「腕を磨く」など、「腕力」から転じて、「技能や技術」を表す喩えとして使われています。

　そして、このようなメタファーを通して、知らないうちに、体の各部位がそのような働きをする場所だという感覚が、より強化されていくとも言えます。

　だからこそ、このような慣用句を使ったり、聞いたりしたときに違和感を感じないのです。

　皆さんは、お腹の中に自分の本心や本音が隠されている感じがしますか？　それとも、心臓に隠されている感じがしますか？

うなぎは 1 匹、2 匹？ 1 串、2 串？

《 助数詞 1 》

　夏になって暑い日が続くようになると、ばて気味になり食欲が落ちてくるということはありませんか。そんなときに食べたくなるのが、うなぎですね。私はうなぎが好物の一つで（といっても、嫌いなものがないのですが）、うなぎを焼く香ばしいにおいに、思わずふらっとうなぎ屋さんに吸い寄せられてしまいます。

　ただ、ここ数年、うなぎの稚魚が減少しているとかで、夏の気温だけでなく、うなぎの値段もまさにうなぎ登り。スーパーでうなぎのパックを手にとっては、値段を見て、買おうか買うまいか、国産か外国産か、1匹にするか小ぶりの1串にするか、と迷ってしまいます。

　「こんなに小さくてこんな値段？！」と、手に取ったうなぎのパックを売り場に戻したこともありました。

　「ああ、ふっくらと厚みのあるうなぎを2串くらい思いっきり食べてみたいなあ」と、こうして書いているだけでも、うなぎが食べたくなります。

　こんなことを考えていたときに、ふと気がついたことがあります。同じうなぎですが、1匹とも数えますし、1串とも数え

ます。生きているうなぎは1匹、2匹ですが、さばいて串に刺してかば焼きになったら1串、2串。うな重に乗っているうなぎは「並みより特上のほうが1切れ多い」などのように、「切れ」で数えます。同じうなぎでも、こんなにたくさんの数え方があるのです。

このような「匹」「串」「切れ」「尾」「本」「枚」などを助数詞と言いますが、日本語には、助数詞の種類が非常に多くあります。しかも、助数詞はとても細かく使い方が分かれていて、非常に複雑なのです。

例えば、最近、同じ職場の先生から聞かれたのですが、マグロは一体いくつの数え方があると思いますか。いくつくらい思いつきますか。気になったので、『数え方の辞典』(小学館)で調べてみました。

まず、マグロが生きているときは「匹」で数えます。けれども、魚市場に運ばれて売り買いされるときには「本」で数えます。そして、頭と尾が切られ、魚屋に運ばれ、それを骨と身に分けて半身にし、それをまた半分にすると「1丁」と数えるそうです。それがスーパーなどで、調理しやすいように、ブロックに切った状態になると「柵」で数えます。

その1柵を、さらに、家庭で焼いたり煮たりして出せるように「1切れ」ずつに分けて切って、パック詰めされることもあります。もちろん、それらの商品は「1パック」「2パック」と数えます。同じマグロでも、その形状に応じて、使われる助数詞はどんどん変化していくのです。

このように、基本的に助数詞はその物の形状によって決まっ

てきます。ですから、同じ魚でも、細くて長い形状のサンマは「匹」ではなく「本」とも数えますし、平らなカレイやヒラメは「枚」で数えます。

　魚以外でも、ゾウや馬のような大きな動物は「頭」ですが、比較的小さいと「匹」ですし、紙は「枚」で数えますが、本やノートのような紙をまとめたものは「冊」。大きな機械類は「台」で、小さな機械や部品は「個」で数えます。

　また、音楽は「1曲」「2曲」と数えますが、交響曲や歌詞のある曲なら「1番」「2番」と数え、それがＣＤになると「1枚」「2枚」となります。

　このような助数詞は、日本語を学ぶ外国人にとって、煩雑で非常に難しいものの一つとなっています。だいたい初級の前半で助数詞を教えることが多いのですが、学習者からは、いちいちどう数えるのか考えてもわからないし、調べても使い方を間違えることがあるとよく言われます。

　さらに、学習者の頭を悩ませるのが、その読み方です。

　「枚」なら「ろくまい」「はちまい」なのに、「匹」なら「ろっぴき」「はっぴき」「じゅっぴき」と促音になり、「冊」なら「さんさつ」なのに、「階」や「足」だと「さんがい」「さんぞく」と濁音になり、数字によって音変化します。

　これらは変化するルールがあるので、まだいくらか規則として覚えられます。しかし、「つ」になると、「ひとつ」「ふたつ」「みっつ」と「いち」「に」「さん」とは全く異なる数え方になり、全部覚えるしかありません。

　これは、数詞に「ひと」「ふた」「み」「よ」などの和語系

44

と「いち」「に」「さん」などの漢語系があるからです。また、「一日」と書いてあっても、毎月の始めの日を表すときは「ついたち」で、ある日の24時間、終日を表すときは「いちにち」です。

　覚えても覚えてもいろいろな言い方や読み方が出てきて、もし、私が日本語学習者だったら、ちょっと嫌になってしまいそうです。

　けれども、日本語の母語話者であれば、何も迷うことなく、「ついたち」と「いちにち」の使い分けができますし、特に勉強しなくても、大体ですが、どんな助数詞を使えばいいかも想像がつきます。母語が日本語で良かったと感じる瞬間ですね。

　土用の丑の日には、皆さんもうなぎを「1串」いえ、丸々「1匹」食べて、夏バテを解消してみてはいかがですか。

09

「男一匹」ってどういうこと？

　前項に引き続き、「助数詞」の話です。以前、ゼミで助数詞をテーマに話し合いをしていたとき、スリランカから来た男子留学生が、「日本の魚はどう数えるかが全然わからない」とこぼしていました。彼は、何かの漫画でカツオの数え方について見たらしいのですが、「魚だから一匹、二匹でいいじゃないですか。それなのに、他にも、節とか柵とか、切れとかあるのはどうしてですか。本当に難しい」と言うのです。もちろん、「一匹」「二匹」…と数えるのは正しいのですが、前項で述べたように、魚の場合は、その形状によって、数え方はいろいろ変わってきます。皆さんは、いくつくらいの数え方をご存知でしょうか。

　例えば、前項ではマグロの話をしましたが、カツオの場合、生きている魚は「一匹」「二匹」と数えます。けれども、カツオは一本釣り漁法で、漁師さんたちは、釣りあげてからは「一本」「二本」と数えるそうです。そして、その魚が魚市場に運ばれ、解体され、大きく縦に4つに切り分けられると、「一節（ひとふし）」「二節（ふたふし）」と「節」の助数詞で数えられます。魚の頭と背骨を取った半身は「一丁」「二丁」と

「丁」で呼びます。一丁のカツオをブロック状に分割すると「一塊（ひところ）」「二塊（ふたころ）」と呼ばれるようになります。

　また、販売店では、基本的には「一尾」「二尾」で数えますが、実際に売る場合、小さく短冊状に切っていくと「一柵（ひとさく）」「二柵（ふたさく）」となります。そして、ついに食卓に並ぶときには、一口サイズのカツオを「一切れ」「二切れ」と「切れ」で数えます。

　さらに、カツオが鰹節（かつおぶし）になったら、また違う数え方になります。鰹節が、連なって干されているときは、「一連（いちれん）」「二連（にれん）」と「連」で数え、鰹節として完成し、箱に詰められると、「一折（ひとおり）」「二折（ふたおり）」と「折」で数えます。

　その上、カツオではなく、ヒラメやカレイのような平らな魚や、アジのように三枚におろして食べるような魚なら、おろした段階から「一枚」「二枚」と「枚」で数えますし、サンマやイワシのような細長い魚は「一本」「二本」で数えます。夏の定番であるうなぎなら、串に刺していれば「一串（ひとくし）」「二串（ふたくし）」ですし、うな重やうな丼になれば、「1枚」「2枚」と「枚」で数えます。

　こんなに多くの数え方があるとは、本当に驚きです。母語話者の日本人でさえ驚くのですから、外国人なら、なおさらです。そして、それを覚えなければならないとなると、とんでもない言語だと思うでしょう。

　実際に私たちが生活で使用する助数詞は、カツオの場合で

も、「匹」「本」「柵」「切れ」くらいではないでしょうか。「節」「塊」「連」「折」などは、魚河岸などで働いている人や製造・販売にかかわっている人の専門用語に近いと言えます。けれども、日常で4種類の数え方があるだけでも、十分大変だと思います。

　どうしてこんなに多くの助数詞が使われ、使い分けられているのかも興味深い点です。日本人にとって魚は昔から食材として重要なものであり、特にカツオのような代表的な魚は、日本人の味覚の基本となる食材と言えます。鰹節にして出汁を取るなど、日本料理にはなくてはならないものです。だからこそ、漁場から市場へ運ばれ、一部は加工工場に行き、そして販売店から家庭へと流通している過程で、その形状が変わり、食材としての働きも変わるという様々なプロセスが生まれます。それぞれの段階で、形状や働きに合わせた数え方がなされていったと考えられます。つまり、その言語文化の中で食材と実生活とのかかわりが深いものほど、助数詞の種類も多いと言えるでしょう。助数詞の種類をみるだけで、その文化で深く根付いた重要なものかどうかも伝わってきます。

　このような話をゼミでもしていたら、冒頭で紹介した男子学生が不思議なことはまだあると質問してきました。

　「先生、どうして男の人を『匹』で数えるんですか？」

　初めは質問の意味がわからなかったのですが、彼は、漫画の中で「男一匹」という言葉を見て、どうして人間なのに「人」

ではなく「匹」なのだろうと疑問に思ったそうです。言われて
みれば、確かに面白い使い方ですね。

『数え方の辞典』(小学館) によると、助数詞の「匹」は、
元々二つのものが対になっているものを表していたそうで、二
つに割れたお尻を持つ生き物について「匹」と数えるように
なったと言われています。ですから、鳥以外の馬や牛などの生
き物を広く「匹」で数えていましたが、その後、大きさに応じ
て大きい生き物は「一頭」「二頭」で数え、人間の成人が抱え
られる程度のサイズの動物は「一匹」「二匹」で数えるように
なりました。

そういう意味では、動物であり、二つに割れたお尻を持つ人
間も「匹」と呼ばれる対象と言えるかもしれません。ただ、
「人」と「匹」では、印象が全く違うと思いませんか。「男一
匹、厳しい社会の荒波を越えて生きていく」と聞くと、単に一
人前の男性というより、野性味のある荒々しく無鉄砲とも言え
るような力強さを持った男性がたくましく生きていく印象を受
けます。

それが、「男一人、厳しい社会の荒波を越えて生きていく」
と聞くと、どのような印象を受けますか。私は、孤独な男性が
黙々と厳しい条件の中でも耐えて生き残っていく印象を受けま
すね。「一匹」と「一人」では、ずいぶん印象が変わります。

そう言えば、古いテレビ番組ですが、『三匹の侍』という映
画にもなった人気シリーズの時代劇がありました。この話も、
流浪の旅を続ける侍が困っている市中の人々を権力や悪人から
守るため、自慢の剣術で戦うという任侠ものだったと思いま

す。決して優しいだけではない、武骨で荒々しさのある浪人たちの物語です。「人」ではなく、「匹」にするだけで、そういう印象を生み出す効果があります。「三人の侍」では、これほどまでに強い印象を視聴者に与えられなかったかも知れません。

　他言語にも助数詞はありますが、多くの言語で助数詞の種類は日本語ほど多くなく、使い分けもそれほど複雑ではありません。そのため、外国人にとっては、日本語の助数詞は何かと頭を悩ませます。日本語の背景にある文化や、その物の用途や働き、形状などによって、必然的に生まれてきたのが助数詞なのです。だからこそ、それぞれの数え方も、その数え方の背景となった歴史や文化に根付いているのでしょう。あなたも日本語の面白い数え方を探してみませんか。

10

どこがどんなふうに痛いの？

《 痛みのオノマトペ 》

　本書の中ですでに述べましたが、「オノマトペ」は外国人にとって理解が難しいものです。ほとんどの日本語の母語話者は、「ドキドキする」と言えば、緊張しているのだなとわかったり、「あの人、今日はルンルンじゃない？」と言えば、何か楽しそうなのだと理解できたりします。それは、「ドキドキ」や「ルンルン」という言葉の音から、日本語の母語話者ならその人の様子や心情を感じ取れるからです。

　けれども、外国人にとっては、音の響きに対して日本語の母語話者と必ずしも同じ感覚を持っていないため、オノマトペが表す意味を理解できません。そのため、日本で生活している間に、とても深刻な問題が生じることもあります。

　ちょっと体調を崩したり、病気になったりすることがありますが、そのときに病院に行って、皆さんは医者にどのように病状を説明しますか。

　数年前ですが、私は風邪を引いてしまい、近所のクリニックに行って診てもらったことがあります。そのときは微熱があり、頭痛がひどくて、そのためか食欲もなく、少し胃の調子もよくありませんでした。クリニックでは、まず、頭痛について

どんなふうに痛いのかを尋ねられました。そこで、私は、「目の奥がズキズキ痛んで、頭の右上のほうがガンガンします」と説明しました。次に、胃やお腹を触診され、どのあたりが痛いかを尋ねられました。そして、「この辺りがシクシク痛いですか？　それとも、キリキリ痛みますか？　ムカムカしますか？」と質問されました。そして、診察後、注射をして薬が処方されました。注射を打つときは、「ちょっとだけチクっとしますよ」と言われました。

　この一連の診察の中で、一体いくつのオノマトペが使われたでしょうか。体のどの部分がどのように痛いかを表すときに、日本語の母語話者は実に多くのオノマトペを使っていることがわかると思います。もし、これらのオノマトペを使えなくなったら、皆さんはどのように説明するでしょうか。ちょっと想像してみてください。

　上記の例であれば、「目の奥が脈を打つ感じで、何か重い感じで押されるような痛みがあって、頭の右上のほうがカナヅチで打たれているように痛いです」とか、「この辺りが重苦しく痛いですか？　それとも、キリで刺されているような感じで痛みますか？　それとも、少し吐きそうな感じで気持ち悪いですか？」というふうに説明するのでしょうか。解説的に詳しく喩えなどを使って話すしかないかもしれません。オノマトペを一切使わないと、痛みを説明するのが、急に難しく大変なことになってきます。それに、説明された方にとっても、このような説明では、どうもあまり実感がわかないように思います。

　けれども、外国人にとっては、いつもオノマトペが使えない

状況に置かれているのです。外国で病院に行くこと自体、かなり不安だと思いますが、それに加えて、自分の痛みがどのようなものなのかを日本語で説明するとなると、日本語力がある人でも、とても難しいことだと思います。

　私のゼミ生が卒論を書くために、所属校の日本人大学生と留学生に痛みに関するオノマトペについてアンケート調査をしたことがありますが、オノマトペの使用についてとてもはっきりした状況がわかりました。

　日本人は、痛みを表すオノマトペのほとんどについて、聞いたことがあるし、意味を知っているし、実際に使ったこともあるのですが、留学生は、半数の人が聞いたことがあるものは「ガンガン」「ピリピリ」くらいで、ほとんど聞いたこともないし、意味もよくわからないし、この2つのオノマトペ以外使ったこともないという回答でした。

　そのうえ、「ズキズキ」と言われても、体のどの部分の痛みなのかがわからず、日本人なら頭か歯が痛いと思うのに対して、留学生は、歯や頭に加えて、鼻の痛みだと想像した人が2割程度いました。そのほかにも、「腰がイガイガする」とか、「お腹や肌がムカムカする」「鼻や関節がキリキリする」というように、痛みと痛む部位が対応していない回答も多く見られました。

　これでは、もし実際に病院に行って病状について医者にオノマトペを使っていろいろ質問されても、ほとんど適切に理解できないでしょう。これは、単に日本語が難しいと言ってすませられる問題ではないと思います。

では、体調が悪そうな人に、次のような日本語で病状を訴えられたら、あなたはどう対応しますか？

　「けえな、いてー。へながもいてー。むねぁ、いかりいかりどいてー」

　「いてー」と言っていますので、どこか痛いのだろうと想像はつきます。ただ、痛い部位はどこでしょうか。「むねぁ」は「胸」ではないかと察することができそうですが、「胸」がどのように痛いのでしょうか。

　タネ明かしをすると、これらは東北地方の方言と方言オノマトペです。オノマトペにも方言があるのです。「けえな」は「腕」を、「へなが」は「背中」を表しています。「いかりいかり」というのは、共通語オノマトペで言う「チクチク」に当たるもので、「胸がチクチクと痛い」と言っていたのです。いかがでしょうか。少しでも理解できたでしょうか。

　痛みを訴えている人が近くにいたとき、同じ日本語でも、このように理解してあげることが難しい場合もあるのです。

　実は、オノマトペについての上記のような例は、東日本大震災のときに支援に入った医療チームが抱えた大きな問題となりました。多くの被災者を前にして何とか治療をしようと全国から駆けつけた医療関係者は、被災者の皆さんのオノマトペを使った訴えを理解するのが大変で、思うように治療できないという事態が起こったのです。

　日本人同士の会話でもこのような事態が起きたのです。この経験を受けて、国立国語研究所では、病気や怪我に係わる場面での重要なコミュニケーションをまとめ、『東北方言オノマト

ペ集』を2012年に作成しました。

　このように方言オノマトペについては、東北方言に関しては一歩進んで対応されていますが、同じようなオノマトペにまつわる困った状況が、いつ誰の身に起きるかわからないと思います。外国人に対する、医療に関係する日本語オノマトペの多言語による解説集や、他の方言オノマトペに関する事例集などを早急に作成する必要性を感じています。

11

これは何のお知らせですか？

《 公的文書の漢語表現 》

　皆さんは外国に住んだ経験はありますか。海外留学した経験があるという方もいらっしゃると思いますが、その際に、いちばん困ったことは何だったでしょうか。また、経験のない方も、どんなことに困ると思いますか。

　まず、言葉の問題は必ずあると言っていいでしょう。それに加えて、その社会で決まっていることがわからない、または知らなくて困る、ということもあります。

　例えば、皆さんは国民年金の保険料を払っていますか。現在、日本に在住する20歳以上の人は、国民年金を支払わなければなりません。収入のない大学生であっても、原則としては、払わなければなりません。そして、それは外国人でも同じです。

　外国人で、しかも、仕事についていない大学生なのに、老後のための資金である国民年金の保険料を払わなければならないことをご存じだったでしょうか。長年留学生と接してきた私ですが、このことを知ったのは数年前でした。それまでは、日本人の大学生が支払うことになったのは知っていたのですが、まさか留学生も払わなければならないとは驚きました。

　日本人の私でさえ、比較的最近知ったことなのに、外国から
やってきて大学で学んでいる留学生が、日本の国民年金制度を
理解するというのは、なかなか難しいのではないでしょうか。
私がこのことを知ったのは、ある留学生が国民年金の督促状を
持ってきて、「先生、こんなものが届いたんです。まったく身
に覚えがないけど、これ、どうしましょう？」と質問してきた
からでした。初めは、何のことか私にもわかりませんでした。
督促状というものを見る機会もありませんし、留学生と年金と
が全く結びついていませんでした。何かの間違いではないかと
思ったくらいです。

　それに加えて、督促状の内容が、なんともわかりにくいもの
でした。皆さんも、督促状というもの自体、見た経験がある人
は少ないかもしれませんが、手元に届くと、ちょっと驚くと思
います。圧着はがきで届いたものを角からシールを剝ぐように
開くと、「国民年金未納保険料納付勧奨通知書（督促状）」と
書いてあります。これを読んで、すぐ意味がわかりましたか。
「国民年金未納保険料納付勧奨通知書（督促状）」と、漢字
19文字がずらっと並んでいて、そのはがきを持ってきたベト
ナム人留学生など、ちんぷんかんぷんという顔をしていまし
た。

　そして、「お客様の国民年金保険料には、裏面の納付状況の
とおり未納があります」と書かれており、金融機関やコンビニ
などで「納めてください」と記載されていました。また、もう
一枚開くと、「国民年金保険料は、多くの方にお支払いいただ
いています」「公的年金加入者約6700万人のうち未納者は2％

に過ぎません」とも書いてあり、保険料の未納が続くとどうなるかという説明が書かれています。公的文書なので仕方ないのかもしれませんが、なんとも堅苦しい書き方だと思いました。

　この通知書を無視していると、さらに「特別催告状」というのが届きます。しかも、封筒の色が初めは青なのですが、次は黄色になり、最後は赤い封筒で送られてきます。これが最後通告となっており、さらに無視していると、「財産の差し押さえ処分」になります。実は、私はこのはがきを見てから数年後に、ある留学生からこの赤封筒の特別催告状を見せられ、「財産が何とかと書いてありますが、どうしたらいいですか？」と相談されました。さすがに、この特別催告状には、私も怖くなりました。

　外国から高い志を持って日本に来て、アルバイトをしながら真面目に大学で勉強している学生で、倹約を重ねて地道に暮らしている大学生に対して、「財産の差し押さえ処分」とは、どういうことかと思いました。

　もともと国民年金制度は、日本人、外国人を問わず、長く日本に居住する人への老後の生活保障であることは間違いありません。これは制度が悪いのではなく、留学生たちにきちんと年金制度を知らせる機会がなく、支払いの仕方や、支払い猶予制度などについて、わかりやすく説明されていないことが大きな問題だと思いました。

　そして、これらの通知書の文言の難しさも問題で、「特別催告状」を持ってきた学生は、かなり日本語力がある学生でしたが、内容を明確に把握できませんでした。「催告」「督促」

「納付」「滞納」「徴収」「差し押さえ」「課される」「配偶者」「猶予」など、日常生活ではあまり見ることのない言葉で、しかも難しい漢字で表記されていることには、大きな問題があると思います。

　ちなみに、留学生などがよく受ける日本語力を判断する試験に「日本語能力試験」がありますが、上記の言葉は、「滞納」と「徴収」がいちばん難しい試験のN1レベルの語彙とされており、それ以外の言葉は級外、つまりN1レベル以上の難しさや特別な専門的な要素を持つ言葉とされています。本当に「財産の差し押さえ」が行われるかもしれない状況なのに、このような言葉を使って、通知書一枚送られて理解しなければならないというのは、海外から学びに来た学生にはちょっと無理があるように思います。日本人学生だって、この文面を見て、すぐ理解できるかどうかわからないと思うほどです。

　しかも、年金制度そのものが、日本では普通で当然のものと思っているかも知れませんが、年金制度自体がない国もあります。高校卒業と同時に日本に留学した学生もいますので、そのような社会制度に慣れていない人も大勢います。また、日本語が堪能でない外国人も多く対象となっている以上、そのような事情にも配慮した通知書が作られたらいいのにと思います。丁寧な説明をもっと簡単な言葉で書いてあげれば、赤い封筒の通知書を見て呆然としてしまう留学生も減ると思います。

　私のゼミ生で、このような通知書の言葉をどのように言い換えたらいいかを調べた学生がいました。その調査では、「納付」は「払う」、「滞納」は「未払い」、「猶予」は「延

期」、「差し押さえる」は「財産を強制的に取られる」と言い換えただけで、留学生たちの理解率は10〜20倍上がるということがわかりました。

　ちょっとした言い換えをするだけで、相手にわかる通知書に変わるのです。公的で重要なものほど、こうした言葉の選び方を考えてほしいものです。やさしい言葉で丁寧に説明した通知書のほうが、日本人にとってもわかりやすいのではないでしょうか。

12

「やさしい日本語」って
どんな日本語？

　皆さんは、どんな日本語がやさしくて、どんな日本語が難しいか考えたことがありますか。

　ほとんどの日本人は、小学校の国語の時間に習うような日本語はやさしく、大人が見たり聞いたりする新聞やニュースに出てくる日本語は難しいと考えます。それはそれで、大体正しいのですが、必ずしも子どもが使う日本語がやさしくて、大人が使う日本語が難しいとは限りません。

　例えば、子どもが使う「すっげー」「むずいよ」「食べちゃった」などという言葉は、外国人にとって理解しづらいからです。

　日本人が英語に触れる場合でも、教科書に書かれている長文の物語を理解することはできても、海外で子どもたちがしゃべっている英語は全然わからない、ということがあります。中学生のときに習った"delicious"の意味はわかっても、子どもたちがよく使う"yummy"の意味がわからないというのと同じです。

　どちらも「おいしい」という意味ですが、学校で習う英語では、最も一般的な言い方である"delicious"をまず教え、実際

に生活で頻繁に子どもたちが使っている話し言葉の"yummy"は、教えないからなのです。

それと同じように、外国人も日本語を学ぶときには、最も一般的で汎用性の高い言葉から学ぶことが多いので、「すっげー」や「すごく」より「とても」のほうが、「むずい」より「難しい」のほうが、そして、「食べちゃった」より「食べてしまいました」のほうが簡単な言葉になるのです。

1990年頃から日本に在住する外国人が急速に増え始め、特に外国人が集中して住んでいる「外国人集住都市」と呼ばれる都市ができています。

例えば、愛知県の豊橋市や豊田市、群馬県の太田市や伊勢崎市、静岡県の浜松市などです。そこでは、日本人と外国人が共に生活していける街づくりが意識されるようになり、その中で「やさしい日本語」の必要性も叫ばれるようになりました。

その動きは、1995年の阪神淡路大震災や2011年の東日本大震災を契機に、さらに大きくなりました。多くの外国人が日本で被災したにもかかわらず、緊急情報や生活情報が適切に伝わらなかったからです。

その反省から、「やさしい日本語」による情報伝達の重要性が各自治体で強く認識され、「やさしい日本語」で情報伝達しようという考え方が普及していっています。

それでは、具体的にどのような日本語が「やさしい」のでしょうか。

まず、「〜です」「〜ます」のような丁寧体で話したり、書いたりしたほうが外国人にはわかりやすいのです。日本語の教

科書は、活用のやさしさから「です・ます体」から教えます。親しさを表そうとして、友だちや子どもに話しかけるように「どこに行ったの？」と言うより、「どこに行きましたか？」と聞いたほうがわかります。

　次に、漢字でできた熟語を避けます。「開始する」より「始める」、「長時間」より「長い時間」と言ったほうがわかりやすいからです。

　さらに、受身形や使役形は難しいので、「男の人に田中さんは押された」ではなく「男の人が田中さんを押しました」とか、「母親が子どもに手伝わせた」ではなく「母親が子どもに手伝いなさいと言いました。そして、子どもは手伝いました」と能動態で表現するとわかりやすいでしょう。

　可能形も「この水は飲めます」と言うより「この水は飲むことができます」と言ったほうがわかりやすいです。

　そして、丁寧に言おうとしてついつい敬語を使いがちですが、それは外国人にとってはより難しい表現になってしまうので、「どこからいらっしゃいましたか？」ではなく「どこから来ましたか？」とか、「あそこにある掲示板をご覧になるといいですよ」ではなく「あのお知らせを見てください」と言うほうがわかってもらえます。

　その上で、一文一文を短くして、一つの主語と一つの述語からできている短文で、なるべく情報を単純にして伝えることが大切です。「雨天の場合、大会は行われないかもしれない」のような曖昧な表現は避けて、「雨のときは、大会はありません」と単純にして伝えます。

「余震が来ないこともない」ではなく、「大きな地震に続いて小さい地震が来ます」と二重否定を使わないようにしたり、難しい言葉を言い換えたりすることも注意点の一つです。

　愛知県、大阪府、埼玉県などでは、やさしい日本語を使用するための手引をホームページで紹介しています。是非、一度見ていただいて、地元で暮らしている外国人の方々にやさしい日本語を使って気軽に声をかけてみるといいのではないでしょうか。

　今後、外国から観光で来日する人も多くなるでしょう。その中には、来日するのをきっかけに日本語を少し勉強してくる人もいるはずです。そうした人々にも、日本に来て日本語を使う喜びを感じてもらいたいものです。

　日本に住む外国人にとって住みやすく、日本を訪れた外国人にとっても気軽に日本人と触れ合える環境を作りたいものです。一度、やさしい日本語表現、難しい日本語表現について考えてみるのはいかがでしょうか。

————————————————————————

13

生命保険？
それとも、死亡保険？

　毎年11月に入ると、年賀状のテレビ宣伝が始まったり、お節料理の予約のお知らせが来たりと、年末に向かっての動きが目立つようになります。そんな何となく慌ただしさを感じるようになる頃、必ず送られてくるのが、今年度に納めた保険料のお知らせです。若い人には、あまり馴染みがないかもしれません。支払った保険料に応じて税金の控除がされるため、この時期になると、各保険会社は1年間に支払った金額を証明する書類を保険を掛けている人々に送ってきます。

　その保険のお知らせの一つに「生命保険」のもありました。この「生命保険」という言葉、ちょっと気になりませんか。

　皆さんもご存じの通り、この保険は、もし病気や事故などの理由で本人が亡くなったときに家族などに支払われる保険です。こんな話は縁起でもないと思われるかもしれませんが、いざというときのために多くの人が入っていると思います。

　ただ、この保険は、あくまでも亡くなったときのもので、生きている場合には支払われません。それなのに、「生命保険」というのは、実は変な名前の付け方だと思いませんか。

　若い人でも自転車事故などに備えて「傷害保険」に入ってい

る人がいるかもしれません。「傷害」であれば、体の一部が傷ついたり、体の機能の一部が損なわれたりすることを意味しますから、「傷害」が生じたときの保険だと納得できます。

　また、「火災保険」なら「火災」で被害があった場合に補償してくれる保険なので、やはり納得できます。でも、「生命」の「保険」では、生きていることに対する保険という意味になり、他の名前の付け方に比べると、つじつまの合わない名前の付け方だと思いませんか。このような、つじつまの合わない名前ではわかりにくいということから、最近、「死亡保険」という名前の保険も出てきているようです。

　でも、どうしてこんな名前が付いたのでしょうか。もし皆さんが保険に入るとき、「死亡保険」という名前の保険を積極的に勧められて、加入したくなるでしょうか。

　ましてや、家族や親に「死亡保険」に入ってほしいと勧めることができますか。きっと言い出しにくくて二の足を踏んでしまうのではないでしょうか。

　このような、人々が避けたいような微妙な物事に対して、日本語では「婉曲表現」を使って直接口にすることを避けられるようになっています。

　例えば、新幹線の「グリーン車」です。私はあまり利用したことがありませんが、どうして「グリーン車」と呼ばれているのでしょうか。それは、車両のマークが「グリーン」だからではなく、「普通車」や「二等車」ではない「一等車」「特等車」であるという格差を明確に示さないための婉曲表現だと言えます。

　特別待遇によって生まれる差別感を生まないように、さわやかでクリーンなイメージのある「グリーン」という色を使って表現しているのでは、と想像します。

　また、最近発売されている様々な商品にも例があります。「エイジング化粧品」はその一つと言えます。

　「エイジング」という外来語を使用することでイメージが変わり、最新技術を駆使した効果の高い化粧品のような気がします。「エイジング」の日本語訳である「老化」という言葉を使うと「老化化粧品」となりますが、きっと「老化化粧品」と名付けても、女性は誰も買わないでしょう。

　でも、「エイジング化粧品」と言うと、全く違った印象になり、たとえ年を重ねても、努力をして美しく生きる女性のための化粧品という明るさと積極性が生まれます。

　同じように、電車の中の高齢者優先の座席をかつて「シルバーシート」と呼んでいました。これも「高齢者」という直接的な表現を避けて、渋くて味わいのある色合いということからでしょうか、「シルバー」という色に言葉を変えて表現していました。

　年を取って体力的に弱者であるという否定的な見方から、様々な経験を多く持っている、まさに「いぶし銀」の人生の先輩という肯定的な見方に変わるような印象があります。

　さらに、テレビコマーシャルでも目にすることが多くなった「キャッシング」という言葉も婉曲表現の一つだと考えています。元々の英語の意味は「現金化する」だったのですが、今では個人向けの小口融資の一般名称になっています。

小口融資というとかたい言い方ですが、つまりは「借金」です。「銀行から借金をしている」と言うと、何となく重々しく否定的なニュアンスがありますが、「今月は出費が多くてキャッシングした」と言えば、なんだか少し軽やかな響きになる気がします。そこには、お金を気軽に借りてほしいという銀行側の意図も感じられます。

　このような婉曲表現を通して、現代の人々が敏感になっているものが何であるのかもわかります。人々の「死」「老い」「格差社会」「借金」など、現実社会では避けて通れない深刻な物事ばかりです。

　けれども、それを直接的に捉えて問題点を明らかにするのではなく、少し表現を変え、前向きに対応できるようにしているのが、これらの「婉曲表現」だと言えるでしょう。使い方によっては、重要な問題点や本質を隠してしまうことにもつながるので、新しい婉曲表現は使うときには注意が必要な言葉でもあります。

　現実を受け入れて、明るく積極的に対応するための一つの方法として、日本語にはなくてはならない表現とも言えるのではないでしょうか。外国人にも、こうした事情を伝えることで、わかりにくい婉曲表現の働きを知ってもらえるといいですね。

14

「真っ赤な嘘」と「白い嘘」、どっちが罪深い？

《 色のメタファー 》

12月に入ると、街にはクリスマスソングが流れ、お店も通りもイルミネーションやクリスマスの飾りつけで華やかになります。

クリスマスと言えば、何と言ってもモミの木の赤や緑の飾りつけが定番です。このような飾りつけは、私たちを温かい気持ちにさせてくれます。色に対するイメージが、私たちにそう思わせるのかもしれません。

色は言葉の中でも様々に使われていて、色の種類によって表すイメージが決まっています。例えば、赤には、いくつかのイメージがありますが、「真っ赤な嘘」「赤っ恥」「赤の他人」など、「全く」「完全な」という意味で使われていることがわかります。

けれども、英語では「全く」という意味はなく、"red-hot"は「興奮して熱中した」、"see red"は「激怒する」という意味で、赤の色が情熱を表したり、怒りを表したりしています。ただ、赤色が怒りを表すということに関しては、この場合の"red"の意味がわからなくても、怒ったときの紅潮した表情から連想はできそうです。

ちなみに、英語では"white lie"（白い嘘）という表現があり、相手を傷つけないための「罪のない嘘」のことを言うそうです。「真っ赤な嘘」のほうが「白い嘘」より罪深いですね。

　一方、緑は、「緑児（嬰児）」「緑の黒髪」などの言葉で「3歳ぐらいまでの幼児」や「つやのある美しい黒髪」を表しているように、新緑から連想される若さや生命力、成長などの象徴として捉えられています。

　けれども、英語の場合は、"He is green as grass."（彼は全くの青二才だ）とか、"You are still green."（君はまだ青いね／未熟だね）、"a green crew on a ship"（新米の船員）のように、緑色は「未熟さ」や「未経験」であることを表していて、どちらかというと否定的な意味を持っています。

　これらの英語の表現と日本語訳を比べるとわかるように、英語のgreenは「青二才」「まだまだ青い」のように、日本語では「青色」で表しています。この対比は、英語のgreenの別のイメージについても同様で、"turn green"で「（吐き気などを催して）顔色が青ざめる」という意味で使われたり、"He is green with envy."で「（顔色が青くなるほど）ひどく妬んでいる」という意味に使われたりして、嫉妬や吐き気で「青ざめる」場合は、英語では「緑色」で表現しています。

　英語の"green leaves"も、日本語では「青葉」と言いますね。このように、日本語の青色のイメージは、英語では緑色が取って代わっていることがわかります。

　では、英語で青色はどんなイメージになるのでしょうか。"go blue in the face"「（寒さや恐れなどで）顔が青ざめる」

のように日本語と同じ意味で使われる青もありますが、英語で使われる青は、"blue Monday"（憂鬱な月曜日）、"feel blue"（憂鬱である）、"look blue"（気分が悪そうだ）などで表されるように、「憂鬱な」といった精神的な状況を表す意味でよく使われています。

また、"blue films"（ピンク映画）、"blue jokes"（きわどい冗談、猥談）のようなわいせつなものを表すのに使われる一方、"blue-ribbon"（最優秀の、最高級の）、"blue-chip"（一流の、優良株の）のように「優秀な」という意味で使われたりして、日本語とは大きく異なるイメージも英語では表現されるようです。

このように、恐れで青ざめたり、怒りで顔が赤くなるという表現は、実際に顔が青くなったり、赤くなったりするので、言語間で大きな違いは生まれないようですが、色が持っているイメージから派生してできた用語や成句の意味は、それぞれの言語文化が持つ色に対する感覚が大きく反映しています。

日本語では、「青信号」と言っても、実際は緑色をしているように、青色と緑色はイメージが似ていて、どちらも若い植物から連想されるような瑞々しさや未熟さ、成長を表しています。

けれども、英語では、緑色と青色のイメージは全く異なっていることがわかります。若さ、未熟さを表す緑色と、憂鬱、優秀、わいせつを表す青色では、共通点を見つけることは難しいと言えます。

文化による色に対する感覚の違いでよく取り上げられるの

が、「太陽の色」です。

　日本人は太陽を描くとき、赤色で描きますが、欧米では黄色で描くと言われます。そのため、英語では、太陽の光は"yellow sunshine"と言います。日本語のイメージだと、太陽は「真っ赤な太陽」であり、決して「真っ黄色の太陽」にはなりません。

　虹が7色に見える国もあれば、4色や9色に見える国もあるのと同じで、色の見え方も違うのかもしれません。そうなると、当然、色に対するイメージが異なるのも納得できます。

　さらに、それぞれの文化の背景にある宗教や思想、出来事などに影響を受けることもあります。

　例えば、黄色は、キリスト教では、キリストを裏切ったユダの着衣の色というイメージがあり、「臆病」「卑怯」などの好ましくないイメージを持つ色です。そのため、「臆病」なことを"yellow streak"と表現したり、人々の感情を煽るような扇情的ジャーナリズムを"yellow journalism"と表現したりします。

　日本語では、黄色と言えば、「くちばしが黄色い」という表現があるように「未熟さ」のイメージはありますが、「臆病」というイメージは全くないので、聞いただけで言葉の意味を想像するのは、難しいですね。

　日本語を学んでいる外国人にとっても、それは同じで、「君はまだ青いね」と言われて、「別に私は気持ち悪くないですよ。元気です」と答えたり、「それは、赤の他人のことだから」と言われて、「情熱的な人のことですか？」などと的外れ

な応答をしたりするかもしれません。

　文化差を知るいい機会だと思って、それぞれの色がどんなイメージを持っているのかを外国人に聞いてみるのも面白いのではないでしょうか。

15

ひつじは「のんびり」してる？
それとも「臆病」？

《 動物のメタファー 》

　日本には干支があり、お互いを紹介し合うときに干支で「私はうま（午）年です」とか、「彼はひつじ（未）年ですね」などと言うことがあります。

　では、「ひつじ」のイメージはどのようなものでしょうか。私の周りにはひつじ年の人が何人かいますが、皆さん、どちらかというとマイペースな人が多いような気がします。

　ただ、「ひつじ」のイメージというのは、それほど明確なものがなく、日本では「ひつじ」は、その姿形からでしょうか、かわいくて、のんびりとしたイメージがあるように思います。

　「ひつじ」を使った表現はほとんどなく、「羊の歩み」くらいしか辞書にはありません。その意味は、「死が次第に近づくこと」を表していて、屠所（としょ）にひかれていく羊のように、歩く様子は暗く重い足取りとして捉えられています。

　それに対して、「うま」については、「馬が合う」「馬を牛に乗り換える」「馬車馬のように働く」などと、「うま」が多くの慣用句に使われています。「うま」が身近な存在で足が速く、良く働いてくれる便利な動物として使われているのに対して、「ひつじ」は日常的に接する動物ではなかったことがわか

■中山裕木子〔著〕■英語による様々な技術文書の書き方を指南

英語の技術文書
エンジニア、ビジネスパーソンが技術英語のスキルで10種の文書をすばやく学べる

A5判 360頁 ■**2,970円**／978-4-327-43100-6

メール、議事録、マニュアル、仕様書、製品説明、提案書、報告書、プレゼン資料などの書き方を、テンプレート+表現集で解説。

■技術英語ライティングの基本と応用が独習できる

技術英語の基本を学ぶ例文300
エンジニア・研究者・技術翻訳者のための

A5判 220頁 音声DL ■**1,980円**／978-4-327-43096-2

■3つのステップで冠詞が正しく使えるようになる

フローチャートでわかる 英語の冠詞

遠田和子〔著〕 A5判 184頁 ■**1,870円**／978-4-327-43101-3

英語の冠詞を決定する3ステップのフローチャートに従えば、感覚や暗記に頼らず、冠詞や名詞の単複を適切に使えるようになる。

■定評ある日本語学習用『テーマ別』テキスト著者による中上級学習者向け日本語表現用例辞典

「中級」「上級」の日本語を日本語で学ぶ辞典

松田浩志・早川裕加里〔著〕 四六判 684頁 ■**2,970円**／978-4-7674-5023-0

日本語学習者に用法や微妙なニュアンスが分かりにくいと思われる中上級語彙・表現など4460項目を10091の例文付きで解説。

■日本語の正しいコロケーション（語と語の慣用的な結びつき）が分かる

研究社 日本語コロケーション辞典

姫野昌子〔監修〕 四六判 1304頁 ■**6,160円**／978-4-7674-9110-3

日本語のコロケーションが分かる辞典。正しい日本語を使うための20万超の連結例と生きた例文4万5000超を採録。

■日常の〈話し言葉〉や〈慣用句〉を使いこなすための辞典

研究社 日本語口語表現辞典〈第2版〉

山根智恵〔監修〕 四六判 1224頁 ■**5,940円**／978-4-7674-5022-3

国語辞典ではわかりにくい、日常の「話し言葉」や「慣用表現」を理解して使いこなすための辞典。ビジネス日本語も解説。

■日本語類義表現のニュアンスの違いを例証する

日本語類義表現使い分け辞典

泉原省二〔著〕 A5判 1228頁 ■**5,940円**／978-4-7674-9054-0

「は・が」の使い分けなど、ふだん何気なく使い分けている日本語の類義表現のニュアンスの違いや使い分けを用例を駆使して解説する。

ります。

　一方、イギリス、オーストラリア、米国などの英語圏では、ひつじの飼育が盛んな国が多く、「ひつじ」と言っても総称としての"sheep"以外に、去勢していない雄羊は"ram"、子羊は"lamb"、成長した羊の肉は"mutton"というように、その呼び方が細かく分かれています。

　そして、その気性から「単純で誠実な人」や「気が弱く臆病な人」のことを表すこともあります。「彼はひつじですね」と英語圏の人が言ったら、それは決してかわいいわけでも、のんびりした人だと言っているわけでもなく、「単純な」とか「臆病な」といった否定的な意味で使っていると思ったほうがいいでしょう。

　このように、動物を使った用法はどの言語にも見られるのですが、国や言語圏ごとに、それぞれの動物の特徴からイメージされる意味を言葉の意味に含ませています。このような表現をメタファー（隠喩）と呼んでいます。

　「ひつじのようにかわいい」と直接喩えていることがわかる「直喩」とは異なり、類似性の連想に基づいて、「ひつじ」の特徴から連想される事柄を、人間のような他のカテゴリーのものに当てはめて表現します。

　つまり、「気が弱くて臆病だ」という抽象的な事柄を、「ひつじ」という具体的なものを使って表すのです。そのため、その動物とその国や言語圏との関わり合い方やその動物に対する認識によって、同じような意味で使われていることもあれば、全く異なる意味で使われていることもあります。

例えば、私たちに最も身近なペットである犬について考えてみましょう。

　日本語では、「犬」は古くから生活の中に存在してきた動物ですが、あまりいい扱いをされていません。「犬の遠吠え」「あいつは警察の犬だ」「犬死に」「犬も食わない」など、人間より劣っていて卑しくくだらないもの、無駄なもの、という意味で使われています。今これだけ人々に愛されている犬が、このような表現でしか使われていないことに改めて驚いてしまいます。

　この傾向は、英語でも同じで、"He is a dog."が密告者や裏切り者を表したり、"The man died a dog's death."（犬死にをした）、"go to the dogs"（落ちぶれる）のように卑しく劣っている無駄なもの、という捉え方がされていて、同様にいい扱いをされていないことがわかります。

　ただ、英語では、"You, sad dog!"や"You, jolly dog!"などの形容詞と一緒に使う表現で、「おまえは困った奴だな」「愉快な奴」といった意味で親しみを込めて相手を表現することがあるそうです。同僚的用法と呼んでいる研究者もいますが、話し手から相手への愛顧、反語、同情などの情緒的ニュアンスを伴った男同士のつき合いで使われる、と説明されています。つまり、"dog"に「愛すべき仲間」という意味が含まれているのです。

　現在、日本では犬と言えば「愛玩動物」であり、ペットの犬は家族の一員であったり、友人としてかけがえのない存在ですから、このような親しみを込めた意味で使われることがあって

もよさそうですが、昔は、人間と動物の立場や役割が明確に分かれており、犬はあくまでも町をふらつき残飯を漁る「野良犬」として捉えられていました。

日本では町で野良犬が見られなくなったのは、1970年代に入ってからだとしている文献もあり、実は、犬が家庭でペットとして飼われだしたのは、長い歴史の中では最近のことなのです。

それに対して、イギリスでは、かなり古くから家の中で犬が飼われており、躾を受けた上で、餌を与えられ家族と一緒に暮らす親密な関係にありました。このような犬と人間との関係についての歴史が異なることから、「犬」についてのメタファーも随分異なっているのかもしれません。

文化によって異なる意味で使われている動物もあります。例えば、「狐」の場合、日本文化では、稲荷神の使いとしての立場もありますが、日本語の中では、「狐につままれる」で「狐に騙されたときのように訳がわからなくなった状態」を表すなど、人を騙すずるいものの象徴として捉えられています。「あの人は狐だ」と聞けば、「ずるい人」「悪い人」だから注意しなければ、と人々は警戒します。

英語では、"He is an old fox." と言えば、「彼は海千山千でずる賢い人だ」という意味で使われ、日本語と同様に狐が人を騙すずるいものの象徴として使われています。

しかし、女性に対して使うと全く異なり、"She is a fox." とか、"She's foxy." と言えば、その女性は「魅力的でセクシーな人」であることを表しています。英語圏では、セクシーなこと

は女性に対する褒め言葉ですから、肯定的な表現になります。また、「騙す」という意味が含まれていても、チェスやゲームなどの駆け引きの場面で"That's a foxy move."と言えば、「それはいい手（動かし方）だ」という肯定的な意味となり、相手への賛辞となります。

　狐が否定的にだけ捉えられず、喩えるものによっては、好意的なプラスの表現に変わるというのが面白いですね。

　動物を使ったメタファーを調べることで、それぞれの国での動物に対する認識や捉え方がわかります。あなたも、知り合った外国人に動物のイメージを聞いたりして、動物のメタファーを通して文化や歴史の違いを見つけてみませんか。

日本的な話し方の「壁」

外国人も日本に住んでいれば、日本人と接したり、仕事をしたりする機会があります。そんなときに、彼らは日本人が話す日本語がよく理解できないことがあります。日本語の言葉の意味や文法的な知識はあるのに、どうもコミュニケーションがうまくいかないのです。そんなときは、外国人だけでなく、日本人にとっても、困る場面となります。本Partでは、どのような場面で、そのようなコミュニケーションが起きるのか、そのようなときはどうすればいいのかを、ご紹介していきます。

16

「断り方」にあらわれる 文化の違い

《 断るときの表現と話の展開 》

　小中学校などで、クラスに日本人と外国人の児童や生徒がいる場合、コミュニケーションの仕方が違うことで、ちょっとしたトラブルになることがあります。

　例えば、誘いを断る場合です。ある子どもが放課後、自分の家で一緒にゲームをしようと友だちを誘ったとします。日本人の子どもなら、都合が悪いと、「あ、ごめん。今日スイミングスクールの日なんだ」などと言って断るでしょう。これを聞いて、「あ、そう。じゃあ、またね」と相手の都合を理解して、ちょっと残念だけど仕方ないと思うのではないでしょうか。

　けれども、もし、外国人の友だちを誘ったとき、こんなふうに断られたらどうでしょうか。「A君の家には行きません。僕は水泳を習っています。学校の後、スイミングスクールに行かなければなりませんから、行けません」

　同じような理由で断られても、なんだかちょっと拒絶感があり、「えっ、あ、そう。じゃあ、いいよ」とせっかく誘ったのになあと、残念な気持ちになってしまいそうです。

　次に誘ったときにも、同じように「今日、A君の家には行きません。今日は、おじいさんが家に来ますから、早く家に帰ら

なければなりません」と断られたら、どうでしょうか。もしか
したら、もう、A君はその友だちを誘うのをやめてしまうかも
しれませんね。

　この言い方のどこが日本人の子どもの例と違うのでしょう
か。日本人の子どもは、断るとき、初めに「あ、ごめん」と言
いました。「あ」と言うだけで、少し躊躇した感じが伝わりま
す。そして、「ごめん」と謝り、「今日スイミングスクールの
日なんだ」と今日の予定を伝えて、家に行けない理由を述べて
います。つまり、詫びや理由は述べていますが、はっきり断る
表現は使われていません。

　それに対して、外国人の子どもの場合、どちらの例でも、初
めに「A君の家には行きません」と断りだとはっきりわかる言
葉を述べています。そのあとに、水泳を習っていて、そのス
クールに行くとか、家におじいさんが来るなどの理由を、どち
らかというと丁寧に説明しています。さらに、「〜なりません
から」「〜来ますから」と「から」を使って、はっきり理由だ
とわかるように話しています。

　日本人は、断るとき、はっきり断りだとわかる言い方をしな
いことが多く、初めに「行きません」と言われると、突然目の
前のシャッターが閉められたような拒絶感を感じます。それ
に、「〜ですから」とはっきり言い切る言い方も、あまりしま
せん。

　「今日はおじいさんが家に来るから…」と言い濁したり、
「おじいさんが家に来て…」とか「スクールがあって…」など
と柔らかい表現で簡単に理由を伝えようとします。それに、あ

まり丁寧にいろいろ理由を説明すると、まるで言い訳のように思われるので、どちらかというとあっさりと説明することが多いのではないでしょうか。

断るという行為は、どの国の人にとっても、心情的に負担があります。ですから、断るときには、相手の気持ちを考え、人間関係を考慮した言い方になります。ただ、どのような言い方が相手にとって嫌な感じではないかは、言語文化によって違うのです。

日本では、断りの表現をあまり明確に伝えませんが、中国人やアメリカ人などは、はっきり言わないと伝わりにくいので、「行けません」とはっきり言うことが相手にとって伝わりやすい親切な言い方になります。そのため、日本人の子どもの例では「ごめん」と謝っていたので、そこで断りだと想像はできるかもしれませんが、「ごめん」がなく、その後の言葉だけでは、まずほとんどの外国人には、断っていると伝わりません。

それに加えて、中国人などは、一般的に、断るときや謝るときに、その理由を詳しく話そうとします。詳しく理由を話して断ったり謝ったりするのが、丁寧なやり方なのです。ですから、約束の時間に遅れたときも、「今朝7時に目覚まし時計をかけてあったんだけど、なぜか鳴らなかったから、起きられませんでした。目が覚めたら、もう8時を過ぎてたんです。すぐ用意して出かけたんですけど、その時間、電車も混んでいて、それにバスが遅れていたから、もっと遅くなりました」とこちらが聞いていなくても、詳しく話してくれます。

日本人なら、言い訳がましく感じて、もっと怒ってしまうか

もしれませんね。しかし、決して言い訳をいろいろ言いたいわけではなく、相手の理解を得て、人間関係を壊さないようにという配慮から、このように詳しく話をするのです。

　また、日本語の母語話者ではないことで、理由を説明するときに「〜から」をよく使うというのも誤解を深めることにつながります。

　日本語を学習している人は、初級文法として、理由を説明するためには、「から」と「ので」を習います。その使い方の違いがわかりにくいために、使いやすい「から」を多用する日本語学習者が多いのです。

　けれども、「から」は主に、自分の意見や感情などを述べるときの根拠として使う主観性のある言葉なので、「電車が遅れたから遅くなった」と言われると、遅れた原因は電車の遅れで、責任は私にはないというニュアンスが出てきます。そのため、「から」を使って理由をいろいろ述べると、余計に言い訳がましく感じてしまうのです。日本人は、そういう使い分けを無意識のうちにしていて、「電車が遅れて…」とか「電車が遅れたので…」というような言い方でさりげなく理由を伝えているのです。

　このように、ちょっとした言語文化の違いで、断るときの言い方も異なってきます。友だちになろうとしている日本人と外国人の児童・生徒同士が、このような言い方の違いでその貴重な機会を逃してしまったり、相手を誤解して友だちになれなかったりするのは本当に残念です。

　もし、あなたの周りに外国人の児童・生徒がいたら、そうい

うやり取りにちょっと耳を傾けてあげましょう。もし、日本人の子どもが誤解していたら、お互いの言語文化の違いを知るいい機会だと思って、いろいろお互いの話を聞いて話し合ってみるとよいでしょう。お互いの話し方を知り、違う話し方に寛容になることで、どの国の子どもたちもグローバル社会に生きる第一歩を踏み出せるかもしれません。

　もちろん、その前に、あなたがまず、グローバルな社会に生きる一員になれるでしょう。

17

今日はダメです！

《 直接的表現と間接的表現 》

　前項では、断り方には文化差があるということをご紹介しました。ここでは、違うタイプの断り方がどのようにして生まれるのかをさぐってみましょう。

　例えば、あなたが誰かを食事に誘ったとしましょう。そのときに、相手が「あ、ありがとうございます。いいですねえ。でも、あいにく今日は先約が入っていて…。すみません。また今度誘ってください」「ありがとうございます。誘ってもらってうれしいです。でも、今日はちょっと…」と応えたら、あなたは相手が食事に行くと思いますか。

　ほとんどの人は、相手は断っているとわかると思います。でも、このような言い方では、外国人の中には、食事に行くのか、行かないのかわからないという人もいます。

　その一方で、次のような断り方があることを前項でもご紹介しました。

　「今日は駄目ですね。仕事が忙しくて行けません」「食事ですか？　今日は用事があるので、ちょっと行けません」

　大学生にこの質問をしたとき、こんな言い方をされると、ちょっと傷ついてしまうと言っていた学生がいました。あなた

もそう感じますか。あまりいい気持ちはしないという人も多いと思います。でも、この言い方なら、はっきりと断っているとわかりますし、「仕事が忙しい」「用事がある」という断る理由も明確です。

　どちらも断っているのは同じなのですが、断られた方がどのように受け取るかは微妙に異なるように思います。もしかしたら、親しくない人には前者、友だちなら後者の断り方と、断る相手によって使い分けしているかもしれません。

　最初に紹介した言い方は、日本語コミュニケーションでは一般的な断る際の言い方で、明確な断りの表現がなくても、行けない事情を述べて、「ちょっと…」と言い濁すだけで聞いた人は断っているとわかります。けれども、物事をはっきりと述べるコミュニケーション文化では、このような言い方はとてもわかりづらく、敬遠される言い方です。

　コミュニケーションを行う際には、情報を伝えるという「内容面」と、コミュニケーションを通して人間関係を構築するという「関係面」の両面があります。ある言語文化では、内容面を重視しているため、正確にわかりやすく情報を伝えることが大切なのですが、日本語コミュニケーションでは関係面を重視する傾向があるため、相手の受け取り方や感情を第一に考えた言い方をすることが多いのです。

　ですから、断る場合も、明確に断る表現を避け、「仕事が忙しい」などの状況を伝えるだけで相手に行けないことを察してもらうという方法をとるのです。遠回しに自分の状況を述べて、最終的に結論は述べない"渦巻型"の論理構成と言われてい

ます（97頁の図参照）。

　けれども、中国語コミュニケーションや英語コミュニケーションなどでは、まず断ることを明言することが良いとされており、その後、理由をしっかり述べるのです。

　行くか行かないかをはっきり誤解のないように伝えることが、コミュニケーションでいちばん重要なことだと考えられているのです。まず結論を述べ、その後、その理由などを述べるという"直線的"な談話構成です。

　このようなコミュニケーションの取り方をする人々は、断りを明言しない日本的なコミュニケーションはわかりづらく、「今日はちょっと…」と言われても、「ちょっと何ですか？」と問い返してくることもあります。どうしてわかりにくい言い方をするのだろうと不思議に思うこともあるようです。

　最近は、外国人が日本語を学ぶときの初級の教科書でも、「ちょっと…」という表現が会話の中で紹介されていて、「ちょっと…」＝「だめ！」と教えるようになっています。

　そして、人間関係を重視する場面では、そういう言い方のほうが日本社会では受け入れられると知って、自分が断るときも相手が日本人なら「残念ですが、今日はちょっと…」と言う外国人も多くなってきました。人間関係を大切にして、相手の気持ちを第一に考えるというやり方を理解し、尊重してくれているのです。

　日本人も、世界に出ていくとき、外国語を勉強していく人は多いと思いますが、せっかく外国語を使っても、言葉の使い方が日本的であるために伝わらないこともあるのではないでしょ

うか。

　「日本人は外国語が苦手だから」という声をよく聞きますが、外国語が下手なのではなく、言葉の使い方をあまり理解していなかったり、知らなかったりするのだと言うべきだと思います。コミュニケーション上手になるためには、相手のコミュニケーションの仕方も理解して尊重し、そのやり方をまねてみるのも一つの方法ではないでしょうか。

　もしあなたの周りの外国人が、あなたからの誘いに「今日は駄目です」と言って断ったときも、「嫌な人だ」とすぐ決めつけてしまうのではなく、「もしかしたら、そういうコミュニケーション文化の人かな？」と考えてみてください。

　その人が感じがよくないのではなく、その人とはコミュニケーション文化が異なり、表現の仕方が単に違うだけかもしれませんよ。

18

「〜ですが…」が伝わらない

先日、大学院を目指して勉強しているJさんから、「日本に来て間もないころ、日本語の勉強を兼ねてよくテレビドラマを見ていましたが、意味がわからない表現がときどきありました」という話を聞きました。

例えば、あなたが道を歩いているときに、「あの〜、すみません。東京駅に行きたいんですが…」と言われたら、相手が何を望んでいるかわかりますか。当然、わかりますよね。けれども、多くの外国人にとっては意味不明です。

話し手は東京駅に行きたいのだ、ということは、外国人にもわかるでしょう。ただ、東京駅に行きたいから何なのかはわからないのです。「えっ、そんな馬鹿な。行きたいと言っているのだから、そこまで言えば、聞きたいことはわかるでしょう」と多くの人は思われたでしょう。でも、そのようにすぐに理解できるのは、日本人だからです。多くの国の人々は、これだけではわからないのです。

「行きたいのですが…」の「…」の部分を、「行き方を教えてください」とか、「お金がないので貸してください」とか、「あなたも一緒に行きませんか」などと最後まできちんと言っ

てもらわないと、わからないのです。

　このような例はいかがでしょうか。Jさんがドラマを見ていたとき、主人公の自宅にお客様が来て、お土産を置いて帰ったそうです。主人公の子どもが、そのお土産が何なのだろうと箱を見ているとき、子どもの母親が「それ、開けてみたら」と言ったそうです。Jさんは、「開けてみたら」どうなるのだろうと一生懸命考えたそうです。母親の発話の意味がわからなかったのです。

　皆さんは、この母親の発話の意味はわかりますね。「そのお土産の箱を開けてみたらどうですか」と言うのが、この発話の完全な形であり、その意味することは「その箱を開けるといい」とか、「その箱を開けていいですよ」だと思います。

　つまり、お土産の箱を開けることについて、母親が子どもに勧めた、または、了承したという意味です。たぶん日本人なら、100％がこのように理解できるでしょう。

　もしかしたら、この例を見て、「Jさんは日本語が下手なのだろう」と考えた人もいらっしゃるかもしれません。でも、それは違います。日常会話はもちろん、大学の教科書なども読んで理解できる程度の日本語力はありますから、これらの発話の意味がわからないのは、語学力不足の問題ではありません。

　では、どうして日本人は理解できて、外国人は理解できないのでしょうか。それは、日本人がすべてを言わない言い方を好むからです。文の最後まで言わなくてもわかることを言うのは、かえって野暮だと思われることがあります。でも、その言い方に慣れてしまっていると、相手にとっては、わかりにくい

ということに気づかないのです。

　こうした言い方は、日本人がほぼ単一民族で小さい国だったから情報共有が簡単だったとか、農耕民族で地域の人々がいつも協力しながら生活してきたから、多くのことを言葉で伝えなくてもわかってしまうようになった、という説があります。

　同じような生活習慣を持つ人々が一つの地域に暮らし、長い時間をかけて、物の見方や行動様式、常識、価値観、考え方などが均等化していき、このような日本人の話し方を作り上げてきたのです。そして、言葉を使って詳しく説明しなくても、お互いの言いたいことがおおよそわかるようになったのです。

　このような話し方を持つ文化を「高コンテキスト文化」と呼んでいます。コンテキストは「文脈」という意味です。つまり、一つのことを伝えるときに、話される言葉の中よりも、場面や状況の中に共通認識を持つ情報がある文化だと言えます。

　ですから、異なる言語文化、社会習慣、行動様式などを持つ地域から来た人々にとっては、すべての情報を言葉で説明してもらえないため、相手の発話の語彙的な意味や文法上の意味がわかっても、本当に言いたいことや意図が表現されず、理解できないということが生じるのです。高コンテキスト文化の国として、日本のほかに、アラビア語圏やラテンアメリカの国々などがあると言われています。

　高コンテキスト文化に対して、「低コンテキスト文化」がありますが、これは、人々の移動が激しく行われる地域や、多民族多言語の地域に多い文化だとされています。場面や状況の中に共通の情報が含まれていないために、一から十まですべての

ことを詳しく、言葉を尽くして説明する必要があります。そうしないと察することができないのです。低コンテキスト文化の国としては、アメリカ合衆国、ドイツ、スカンジナビア諸国などが挙げられています。

このような国の人々は、すべてを言葉で説明することが普通だと思っていますから、省略したり、言いさしたりすることに慣れていません。言いにくいことでも、「それは、ちょっと…」と言うのではなく、「それは、できません」とはっきり言います。また、そのようにはっきり言われないと、相手の発話の意図もわからないのです。

日本人にとっては、そのような言い方は直接的でぶっきらぼうな感じがして、冷たく感じるかもしれません。相手の気持ちを考えて婉曲に話すというのが、日本文化特有の気遣いであり、優しさであり、いいところだと思います。その文化も大切にしたいものです。

では、どのようにすれば外国人にも正しく意図を伝えられるでしょうか。まず、せっかく話しても意味が伝わらないのではコミュニケーションとして成立しないので、なるべく省略は避けたほうがいいでしょう。

ただ、「それはできません」のような直接的すぎるため、相手が傷ついてしまうのではと心配がある表現は、「それは、むずかしいです。やりたいのですが、○○の理由でできないのです。ただ、他にこんな方法もありますよ」と、意図は明言しますが、やりたい気持ちはあるのだと人間関係を壊さないような言葉を付け加えて、他の解決方法などを一緒に提案するといい

のではないでしょうか。

　最近は、外国人だけでなく、日本人にも多様な考え方や文化を持つ人がいます。いつも何気なく話している表現が、すべての人にとってわかりやすいのかどうか、一度自分の表現方法をチェックしてみるのもいいのではないでしょうか。

19

なんで怒っているの？

《 コミュニケーション・スタイルの違い 》

　私は、台風の季節になると、思い出すエピソードがあります。とてもまじめな中国人留学生のRさんが、台風が近づいている日に大学の図書館で勉強をしていたそうです。締め切り間近のレポートがあり、調べ物をしながらレポートを書いていました。1時間くらいたったときに、図書館の受付の女性が、「台風が近づいていますが、大丈夫ですか？」と親切に笑顔で声をかけてくれたそうです。Rさんは、「大丈夫です。ありがとうございます」とお礼を言って、また調べ物を始めました。

　それから、また1時間くらいたったとき、また、同じ女性が「台風で雨も風も強くなってきましたが、帰りは大丈夫ですか？」と声をかけてきました。あまり笑顔がなかったのが気になったそうですが、Rさんは、「家は近いので大丈夫です。ありがとうございます」と答えて、またレポートに取りかかりました。

　さらに30分後、またその女性がやってきて、「外は嵐になっていますよ。大丈夫ですか？」と少し緊張した顔つきで声をかけてきました。Rさんは、レポートのことで頭がいっぱいだったので、「はい、大丈夫です。もうすぐ終わりますから」

と答えましたが、その女性は「もうすぐですね」と言って、その場を立ち去ったそうです。

　その後、15分ほどでレポートを書き終え、図書館を出たのですが、そのときに図書館で勉強していたのは、Rさん一人でした。受付にはその女性が立っており、Rさんが出ていくのを確認しているようだったと言っていました。Rさんは、「親切そうだった女性が、少し怒っているような感じがしたけれど、自分は何か失礼なことでもしたのでしょうか？」と私に聞いてきました。

　このエピソードを聞いた皆さんは、受付の女性がRさんに声をかけてきた意図は何だったと思いますか。

　質問された私は、台風が近づいて風雨が強くなっているとき、その女性は早く図書館を閉めて帰宅したかったのではないかとRさんに話しました。

　でも、Rさんは、「そんなことは全然想像できません。だって、その女性は『大丈夫ですか？』としか言わなかったし、『早く帰ってください』とか言いませんでした」と話していました。そして、「もしそうなら、どうしてはっきり言ってくれないんですか」といつも穏やかなRさんが少し声を荒げていました。

　このようなコミュニケーション上のトラブルは、日本語の表現の仕方が独特だからです。相手に何か要求する場合や少し言いにくいことについては、日本語では直接的な言い方を避けて遠回しに言うことが多いのです。

　前項でも、省略して肝心なことをはっきり言わない話し方に

ついてご紹介しましたが、省略していれば、文が完全な形で終わっていないので、何かそのあとに言いたいことがあるということは外国人にもわかります。そして、それが何なのだろうと悩むわけですが、この例のように完全な文の形でRさんを心配しているという表現で話しているのに、いちばん伝えたいことについては言わないという表現方法は、言っていることと意図が異なるわけですから、外国人にとっては、本当に厄介な表現になります。

この例の場合、「台風が来ている」「雨風が激しくなった」などの状況を説明することだけで、自分が言いたいことや相手に何をしてもらいたいかは最後まで言っていません。日本語コミュニケーションでは、このように状況を説明するだけで、状況から事情を想像して、本当に言いたいことを察してもらい、肝心な意図やいちばん伝えたいことは言わないのです。

このような話し方のことを、前々項でも紹介しましたが、中心的な意図を言わないで周辺的な事実や状況だけ述べる「渦巻き型の修辞パターン」と呼んでいます。

日本人にとっては、直接的な言い方で何かを要求されたり、自分の行動についてあれこれ言われるのは、あまり気持ちのいいことではありません。日本人同士の会話では、渦巻き型の話し方が心地よく、お互いの人間関係を円滑に維持する一つの工夫になっているのです。

けれども、多くの外国人は、このような遠回しな表現方法を理解することはできません。英語によるコミュニケーションなら、いちばん言いたいことをまず伝えて、そのあと、その理由

を述べるという直線的な修辞パターンで話します。この例の場合なら、「早く図書館を閉めて帰りたいので、早めに帰ってもらえませんか。台風が近づいていて、雨風も強くなって、電車も止まりそうですから」と明示的に話すでしょう。

　ですから、直線的な話し方に慣れている人にとっては、文字通りの解釈で、Rさんの帰宅の心配をしているようにしか聞こえず、それ以上に言いたいことがあることさえ想像できないでしょう。

【日本語と英語の修辞パターン】

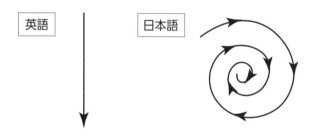

[Kaplan,R.B.(1966)：世界各言語の論理構造パターンから]

　意図を理解するためのわずかなヒントとしては、女性の表情の変化があったかもしれません。初めの質問のときにはわからなくても、だんだん表情や態度が変化する中で、何か問題があるのではと考えることができれば、少なくとも「まだここで勉強していてもかまいませんか？」と反対に質問することができたかもしれません。ただ、外国人にとってみれば、これはなかなか難しい言語行動でしょう。

相手が想像もしないようなことを頭の中では考えていて、それを言ってくれないと感じる外国人にとっては、まるで騙されたかのような気持ちに陥ります。何でももっとわかりやすく言ってくれないのだろうと、変な疑いを持つことにもつながりかねません。

　実際、このRさんはこれ以来、日本人の話には裏があると、いつも用心して話をするようになってしまい、しばらくコミュニケーションをとるのが嫌になったと話していました。

　信頼している人だからこそ、本当のことを言ってほしいという気持ちは万国共通のはず。言わなくてもわかるだろうとか、察してくれるだろうとか、こちらのやり方で判断するのではなく、相手にとってわかりやすい言い方で丁寧に話すほうが、誤解も起こらず気持ちのいいコミュニケーションができるのではないでしょうか。グローバル化が進むにつれ、話す相手を考えて、相手に応じた話し方ができるようになる必要があるかもしれませんね。

20

かっこいいんだけど…

《 にごし表現の意味 》

　先日、留学生との交流を目的としたサークルを立ち上げた日本人学生から、こんな話を聞きました。留学生の友だちが、とってもかっこいい洋服を着ていたので、「それ、すごくかっこいいんだけど」と思わず言ったら、「だけど、何？」と聞き返されたそうです。留学生は、「かっこいいけど、何かよくないことがあるの？」と心配していたとのことでした。

　「けど」は、「あの店はおいしいけど、高い」のように、逆接の意味を持っているので、留学生は「かっこいいんだけど」とほめられても、そのあとに何かネガティブなことを言われるのではないか、言いにくいから言いよどんでいるのではないかと不安になったようです。

　話し手の日本人学生は、全くそのような意図はなく、単に「かっこいい」ということを伝えたかったそうで、「だけど、何？」と不安げに聞き返されたのは意外だし、心外だったようです。せっかくのサークルでの交流で楽しい会話をしているつもりが、互いに不安になる会話になってしまったと話していました。

　このような言い方を皆さんもすることがあるでしょう。何気

なく使っている「〜けど」という言い方ですが、これを言語的に説明すると、初めの文（前件）が「けど」という接続助詞（文と文をつなぐ働きをする助詞）で終わっていて、そのあとの文（後件）が話されていないことになります。これを「ケド節の言いさし表現」と言います。

　完全な文であれば、「その服はかっこいいけど、あなたにはちょっと大きすぎるね」のように、「けど」によって、「その服はかっこいい」という文と「あなたにはちょっと大きすぎる」という文をつなぎます。それが、日本人学生の表現では、前件の部分だけで終わっているので、中途終了文の言いさし表現となります。

　しかし、この学生の言い方の場合、後件にネガティブな話をするつもりは全くなく、「それ、すごくかっこいい」だけの意味を伝えたかったのです。特に省略された部分はなく、発話の内容だけで「服がかっこいい」という十分な意味があり、言いたいことはすべて言っていて、相手にも「服がかっこいい」という意味は伝わります。それなのに、それをわざわざ「だけど」をつけて、文としては不完全な言いさしにしているのです。

　言いさし表現ですが、意味的には、言うべき内容を言い終わっている「〈けど〉が付加されている言い方」と説明したほうがしっくりくるかもしれません。このような表現は、研究者によっては、「言いつくし」の言いさし文と呼んでいる人もいます。

　では、なぜ完全文の形で「その服かっこいいね」と言わないのでしょうか。

　皆さんは、「それ、すごくかっこいい」と言われた場合と、「それ、すごくかっこいいんだけど」と言われた場合では、受ける感じは何か違うでしょうか。この話をしてきた学生にも聞いてみたのですが、その学生は、「すごくかっこいい」と完全文で言うより、「かっこいいんだけど」と言ったほうが強い気持ちが伝わり、この言葉を叫んでいるような、文の最後に「！」が付いているような感じがすると言っていました。

　一般的には、この「言いつくし」タイプの「ケド節の言いさし表現」は、聞き手に参考になる情報を示すという働きを持っていると言われます。

　例えば、大学の授業で今日はAさんが発表をすることになっていたとします。教室に教員が行ったら、他の学生から「先生、Aさん、今日休んでいますけど」と伝えられた場合を考えてみましょう。このとき、聞き手の教員が今日の授業をどうするのかという判断をするために、参考となる情報である「発表予定のAさんが欠席」という事実を学生が聞き手の教員に示しています。

　学生が欠席の情報の重要度を察して、聞き手にその情報を認識させて、どうするかを判断してもらおうという働きをしています。相手の認識を「Aさんが発表する予定」という認識から、「Aさんは発表できない」という認識に変えて、結果的に何らかの行動を促しているとも言えます。

　そういう意味では、「Aさんは休んでいて発表者はいません。先生、今日の授業はどうするのですか？」と直接的に教員の判断を迫るのではなく、「Aさんが休んでいる」という事実

だけを「ケド節」を使って話すだけで、後は先生に対応を考えてもらうという間接的なやり方だと言えるでしょう。

　こういう言い方のほうが、相手に対して柔らかく接していて、相手にも詰め寄られるような圧迫感なしに次の行動についての判断決定をしてもらえそうです。あまり意識して使っていないかもしれませんが、われわれはこのような気遣いをしながら、「ケド節の言いさし表現」を無意識のうちに使っているのです。

　この「ケド節の言いさし表現」の働きを前提にして、今回の発話について考えてみると、相手にどんな働きかけをしているでしょうか。聞き手に参考になる情報は、「今日着ている服はとてもかっこいい」という事実で、聞き手は気づいていないかもしれないけど、または、聞き手が思っているより「かっこいいよ」と認識の程度を変えていると言えます。

　この学生のようなポジティブな内容について「〜だけど」をつけて言いさしにする言い方は、新しく生まれている発展型の言い方ではないかと考えます。

　元々は、どちらかというとネガティブな内容についての情報を「ケド節」で伝えて、認識を変えてもらい、聞き手にどうするつもりなのかを考えてもらうという働きがありますが、今ではポジティブな内容でも使うように使用範囲が広がり、相手の認識の程度を穏やかに変えるくらい、話し手の強い気持ちを伝えているのだと考えます。

　「けど」という言葉が元々持っている逆接的な意味しか知らない外国人にとっては、この表現は誤解されやすいと思いま

す。相手に喜んでもらえると思って発言した日本人学生も、意外な展開に戸惑い、後日、自分の意図を説明したそうです。その説明を聞いた留学生は安心して、自分の母語にもそれに似た表現があると言って教えてくれたそうです。

　誤解を生まないような表現を心掛けるというのも一つの方法ですが、無意識のうちに使ってしまっているので、使わないようにするのはなかなか難しいでしょう。そんなときは、この学生たちのように、きちんと気持ちを表情に表し、変だと思ったことを言葉に出して伝え、それぞれの意図を別の平易な言葉で伝え合うことが大切です。

21

「あなたの行為で私は困っています」 と言われて困っています

　大学に通っている留学生のほとんどは、アルバイトをして生活費や授業料の一部を自分で稼いでいます。アルバイトは留学生活で重要な部分を占めています。先日、飲食店でアルバイトをしている1年生の女子留学生から、次のような相談を受けました。

　彼女は、まじめにアルバイト先で働いていますが、ときどき店長の言っていることの意味がわからないというのです。その学生Aさんは、大学の授業後にアルバイトに行っていて、18時からの勤務だったので、17時55分ごろにお店に行き、制服に着替えて、おなかがすいたので、持っていたパンをちょっと食べてから18時5分ごろ店内に入ったそうです。すると、その日の仕事が終わった後、店長から声を掛けられました。「日本には5分前精神というのがあって、約束でも仕事でも、決まっている時間の5分前には準備が終わっていたり、約束の場所に到着していたりするものです」と言われたそうです。

　そして、前のシフトのバイトさんとの引き継ぎもあるので、そのバイトさんたちからバイトの終了時刻前に引き継ぎができないと言われて、店長も困っていると説明されたそうです。

　それに対して、Ａさんは「私は5分前に店に来ています。今日はすごくおなかがすいていたので、バイトにも影響があるといけないと思ってパンを食べましたが、いつも時間より前に店に来ていますよ」と説明し、「店長は、いろいろなバイトさんの意見を聞かなければならないから、大変ですね」と付け加えたというのです。

　Ａさんの返事を聞いて店長がどう反応したかを尋ねたら、「なんだか、ちょっと困った顔をしていましたけど、バイトへの対応は店長の仕事だから、これ以上私は何も言いませんでした」と言っていました。

　皆さんは、このアルバイト先のエピソードを聞いて、どう思ったでしょうか。

　多くの人は、Ａさんは5分前に来ていても少なくとも18時には勤務しなければならないし、勝手な言い分を述べていて、もう少し店長の言うことに耳を傾けるべきだと感じたのではないでしょうか。

　実は、このようなことは、外国人と日本人の間で結構起こるトラブルなのです。皆さんは、この留学生が少し自分勝手なように感じられ、自己主張だけをしているように思えたかもしれません。

　けれども、留学生にとっては、これは店長の発言の意図を的確に理解できなかったために起きた勘違いでもあるのです。

　この店長の言い方を見ると、「あなたの行動で、（ほかの人や）私は困っている」というものでした。このような言い方をされたとき、皆さんは、どういう意味に捉えるでしょうか。

ほとんどの人は、自分の行動についての文句や苦情を述べていて、その行動を変えてほしいと言っていると理解するでしょう。

　けれども、この留学生は、文字通り、単に「店長は困っているのだ」と理解し、どちらかというと、店長はAさんに愚痴を言って相談しているという程度にしか認識していませんでした。ですから、「大変ですね」と店長の仕事の大変さに対して同情をしたような対応をしました。自分の行動について責められていて、その行動を変えてほしいという意味で言われたのだとは思っていなかったのです。

　Aさんには、店長が言いたかったことは、それぞれ「いろいろ事情はあっても、5分前に店に出てください」ということだったと伝えました。すると、だったら、どうしてそう言わないのかと不思議がっていました。はっきりそう伝えてくれたら、もっと違う返事をしただろうというのです。ましてや、自分の行動への苦情だったとは全く感じていなかったそうです。

　日本人は多くの場合、言いにくいことである苦情や文句は、直接的に言わず、少し柔らかく相手に伝えようとします。そのほうが、相手にとっても嫌な感じがしないだろうし、伝える側の精神的な負担も軽減できます。そのために、直接的な要求として「もっと早く来い」とは言わず、今の困っている状況を伝えて、それが相手の行動が原因で起きているということを理解してもらい、その行動を改善することが要求されているのだと察してもらうという方法を取ります。

　このような話し方も「渦巻き型の論理展開」であり、「直線

的な論理展開」とは対照的な話し方です（97頁の図参照）。すでに、ご紹介しましたが、「直線的な論理展開」では、例えば、何かを断るときなら、「私はできません。その理由は〜だからです」と意見や結果を明確に述べて、その後、その理由を述べるという話運びをします。

それに対して、「渦巻き型の論理展開」では、「仕事がとても忙しくて、他のことに時間がなかなか取れないんですよね」というような自分の状況を伝えます。はっきり申し出を断る言葉は述べられないので、中心的な意図は伝えません。自分の周辺状況から推測したら、申し出を受けることが難しいという判断ができるはずなので、断っていることは理解できるだろうという相手の理解力に依存した話し方になっています。

こうした一見わかりにくい相手の理解に依存した話し方が、日本人にとっては気持ちを理解した話し方と捉えられます。そして、言われた相手にとっても、こうした言い方のほうが、受け入れやすく、そのように気を遣ってくれているので、申し訳ないと思い、何とか相手の意向に沿うようにしようと思うようになるのです。

ただ、これは万人に通用する考え方、感じ方ではありません。世界の多くの国の人々は、「直線的な論理展開」で話していて、むしろ、そのほうが親切でわかりやすい話し方だと感じています。ですから、なぜわざわざこのようなわかりにくい話し方をしているのだろうと不思議に思いますし、逆に、このようなわかりにくい言い方をしていて「意地悪だ」と感じる外国人もいます。良かれと思って言ったことが、その逆になるのは

悲しいですね。

　今回の例では、就労時間5分前に店に出ること自体、5分とはいえ、規定時間外の労働を強いることになるので、そういう考え方を相手に強要していいのだろうかという問題も含んでいます。店長の要求に応じるべきかどうかは、働き方に関する考え方の問題としてあると思います。ですが、お互いの意図していることが的確に理解できなければ、そうした問題について話し合う段階に進むこともできません。もし、外国人に何か苦情が伝わらず、嫌な感じがすることがあれば、もう一度、自分がどのような言い方をしたかを思い出してみると良いでしょう。

22

「どうも、それはちょっと、けっこうです」

　日本で長く暮らし、日本語もよく勉強して使いこなせるようになった人でも、理解が難しい日本語というのはあります。私が大学で教えている留学生からも、かなり日本語力があり、日本滞在歴が4年以上もあるにもかかわらず、アルバイト先でときどき意味がわからず苦労しているという話を聞きます。

　例えば、コンビニでアルバイトをしている学生から聞いたのですが、レジで年配のお客様に対応しているとき、「レジ袋を付けますか？」と質問したら、「あ、結構です」と言われたので、商品をレジ袋には入れずに、まずレジを打ち、そのあと、「お弁当は温めますか？」と聞いたら、やはり「あ、結構ですね」と言われたので、そのまま温めずに商品を渡したそうです。そうしたら、お客様に「早く温めてくださいよ」と言われて、慌ててお弁当を温めたと言っていました。その学生は、「『結構です』と言ったのに、レジ袋は必要なくて、温めは必要ってどういうことなんですか？」と困惑していました。

　読者の皆さんなら、その違いがおわかりだと思いますが、「結構です」と「結構ですね」では、全く反対の意味になってしまいます。「結構です」は少し丁寧な断りになりますが、

「結構ですね」は賛成や同意の意味を表していたのです。

　もちろん、声のトーンや語尾の上げ下げによっても日本語の母語話者はどちらの意味なのかを察していると思いますが、「ね」があるかないかだけでも、かなりニュアンスが違ってきます。

　ただ、「結構ですね」という表現でも、いつでも同じ意味になるとは限りません。例えば、居酒屋でメニューを見ながら注文する料理を考えているとき、

　　「このマグロのお刺身、どうですか？」
　　「ああ、いいですね」
　　「こっちのシメサバもどうですか？」
　　「それは、僕は結構ですね」

という会話をしたとします。このとき、何を注文したでしょうか。注文したのは、「マグロのお刺身」だけではないかと想像します。この人は、「シメサバ」はあまりお好きではないように聞こえます。

　このように、注文するのかしないのか、全く逆の意味になってしまい、文脈や声のトーンなどから判断するしかないので、日本語が母語ではない人にとっては理解が難しい表現だと言えます。

　こうした表現の例はほかにもあります。日本語を学んでいる外国人の間でよく知られているのは「ちょっと」です。「ちょっと」は、「少し」「少々」の意味と呼びかけの言葉と

して習い、「ちょっと難しいです」「ちょっと、すみません」などのように便利で使いやすい表現です。

けれども、日本で生活していると、「少し」「少々」や呼びかけの意味とは異なる意味で使われている場面に出会い、戸惑うことがあるそうです。

例えば、お店で買い物をしているときに、「Lサイズもありますか？」と店員さんに聞いたら、「ちょっとありませんね」と言われたと言います。「少しありません」というのは、どういうことなのかと不思議に思ったと言います。

また、一緒に遊びに行こうと友人を誘ったときに、「今日はちょっと…」と言われて、「少し何なの？　少し行きたいの？　少し行きたくないの？」と判断に困ったという話はよく聞きます。最近は、初級の教科書にも取り上げられてきた「ちょっと」の使い方なので、かなり知られてきましたが、初めて言われると、やはり戸惑うようです。

これらの「ちょっと」には、「少し」「少々」の意味や呼びかけの意味はなく、「残念ですが」という意味で使われています。売りたいけれども、残念なことに今は在庫がないということや、残念だけれども都合が悪いという申し訳ない気持ちを「ちょっと」を通して間接的に了解してもらう表現だと言えます。ですから、申し訳ないと思いつつ、何かをお願いする場合にも、「ちょっとボールペン貸してもらえない？」などと使っているのです。

さらに、便利な言葉ですが、日本語学習者を戸惑わせる表現に「どうも」があります。外国人にとって、初めは、「どうも

ありがとうございます」というお礼の挨拶として接することが多く、「とても」や「全く」といった強調する言葉として便利に使える言葉だと認識されます。けれども、日常生活を送っていくうちに、「とても」とは異なる意味で使われていると気づくようになります。

　例えば、アルバイト先の先輩から「今日はどうも具合が悪くてさ、早退させてもらってもいいかなあ」と言われて、「え、体調がすごく悪いんですか。大丈夫ですか」と心配して返事をしたら、「いや、それほどじゃないけど、体がだるくてね」と言われたそうです。

　「すごく」悪いと思ったら、「それほどじゃない」と言われ、一体どういう状況なのだろうと、先輩のことがわからなくなったと言います。この場合の「どうも」は「とても」という強調する意味ではなく、「なんだか」という意味で、明確に表せないけれども、よくないということを表していたのです。

　その他にも、「どうも」は、「どうも、どうも」などと言って、「ありがとう」「こんにちは」「さようなら」「すみません」など、様々な挨拶の代わりに使ったり、「どうも理解できない」のように「どうしても〜ない」という意味で使ったりして、非常に幅広い場面で使用することができます。

　こうした表現は、「必要ない」「在庫がない」「体調がよくない」などの内容を、直接的かつ明確に意図を伝える代わりに、状況や文脈から相手にわかってもらおうという表現です。話者の少し言いにくい気持ちや残念な気持ちが伝わるとても便利な表現と言えるでしょう。

　実際に多用されていますし、日本語コミュニケーションで
は、円滑な人間関係を維持するために、なくてはならない表現
だと思いますが、外国人から見ると、いかにも曖昧な表現に見
えます。話者の意図を的確につかむには、言語能力以外に状況
や文脈を読む力がかなり要求され、わかりにくいことは確かで
す。

　あまりに普通に使っているので、急にわからないと言われて
も、「それは、どうも。ただ、けっこう便利だから、使うなと
言われても、ちょっと…」としか言えないかもしれませんが、
困惑している外国人もいることは理解し、知っておきたいです
ね。

23

くだけた会話ほどむずかしい！？

《 大人と子どもの話し方 》

コロナ禍の状況ではしばらくお休みしていますが、私の大学では、近所にある小学校の児童と留学生が交流するイベントに参加しています。いろいろな国の人と触れ合うことで異文化を理解して視野を広げようという目的で行われています。日本の小学生は日本のことを紹介し、留学生は母国や母国の文化を紹介する場となっていて、毎年人気の交流活動です。

小学校訪問では、まず体育館で大勢の小学生から歓迎を受け、代表者からの挨拶や歓迎の歌でおもてなしを受けます。留学生たちは、国別に簡単な自己紹介をしたり、母国で有名な歌などを歌ったりして歓迎に応えます。その後、各クラスに分かれて、授業を見学したり、授業に参加したりして、徐々に個別の交流を行います。初めは遠巻きにして黙っていた子どもたちが、時間が経ち、慣れてくると、急に堰を切ったように話し始め、自分の好きなゲームの話、スポーツの話、アニメの話、友だちの話と次々話し、質問し始めます。

留学生のほとんどは、日本の子どもと触れ合うのはこのときが初めてです。多くの留学生は、自宅と大学とアルバイト先の3か所を行き来する生活をしていて、教員や大学生以外で日本

人と接するのは、それぞれのアルバイト先で出会う人、つまり大人に限られていることが多いのです。中には、アルバイトをする必要のない経済的に恵まれた学生もいますが、そういう学生は、まだまだ多くはいません。

　小学生と初めて日本語で会話をすることになるのですが、そこで、留学生たちは驚くことがあります。それは、これまで大学の講義での専門用語や抽象的な概念を表す言葉が難しくて苦労することはあっても、普通に日常生活を送ってきて、日常会話で日本語に困ることはなかったのに、小学生が話している言葉がよくわからないことがあるのです。全く知らない言葉が次々に飛び出してきて、しかも意味もよくつかめない。本当にこれは日本語なのかと面食らうのです。

　大人が話す難しい内容の話が理解できないというなら想像もつきますが、どうして子どもたちが話す簡単な話がわからないのでしょうか。

　日本人が大人と話すときと子どもと話すときの話し方の違いを想像してみてください。大人だったら、初対面の人に対して「趣味は何ですか？　私はゲームが好きなんですが、○○というゲームは知っていますか？」と話題について話したのち、具体的な質問をするなど、順序立てて話しかけてくると思いますが、子どもは違います。「おにいちゃん、定規バトルって知ってる？　面白いよ」と、何の前置きもなく、突然「直球」で話しかけます。このような話題の背景がわからない状況では、外国人の場合、話の内容を理解することは非常に難しいのです。

　また、それが、小学生の仲間うちで流行っているゲームの名

前や遊びの名前のことが多く、それらを急に言われても、何のことだかわかりません。その上、一般的な話なのか、その学校だけの話題なのかというような区別もありませんから、「○○公園に明日行くけど、お姉ちゃんも行く？」とか「××のマロンケーキ、好き。お姉ちゃんも好き？」とか、その町に住んでいないとほとんどわからないような名前がバンバン出てきます。返事しようにも、「それは？」「それはどこ？」と聞くばかりで、「なあんだ、知らないの」と子どもたちにあっさり言われてしまいます。

　このような会話がしばらく続いてしまいますが、留学生たちも徐々に慣れてくると、自分がよく知っている話題を持ちかけて、少しずつ話が成り立つようになってきます。そうなると、お互いに楽しくなり、交流が終わるころには、小学生が留学生たちにじゃれ合うようにまとわりつき、「もっと遊ぼうよ」というほど仲良くなります。ただ、子どもたちとの交流は、留学生も久しぶりに自分の日本語に一瞬自信がなくなるという経験をすることがあるものなのです。

　仲間うちのコトバという意味では、大学生活でも留学生はときどき疎外感を味わうことがあります。それは、いわゆる「若者言葉」です。読者の皆さんが若者言葉を使うかどうかわかりませんが、皆さんの仲間うちや大学生の間で使われていて、自分が使わなくても、理解はできるという若者言葉があるのではないでしょうか。みんな知っているという前提のもとで何気なく日常会話などに使われていると思いますが、留学生にとっては、かなり難しい言葉のひとつになっています。

　好きなYouTuberがいて、その人の話を聞いていたら覚えたという留学生もいますが、ほとんどが若者言葉を理解していない、または、知らないのが現状です。

　例えば、「よきよき」「それな！」「すこ」など、皆さんは聞いたことがありますか？　私は実は知らなかったのですが、周りの日本人大学生に聞いたら、皆知っていました。留学生は、聞いたことがある人でさえ半数ぐらいで、ほとんどの人が意味を理解していませんでした。日本人大学生と自然に会話しているように見えても、実は、よくわからない言葉というのはあるのです。

　基本的に、このような言葉は、一般的な辞書に載っていません。辞書にない言葉は、外国人にとって難しいと言えます。親しい人と気楽に話す場面で使うこうした言葉のほうが、留学生には難しいという複雑な状況になるのです。

　外国人にとって、いちばんわかりやすい日本語は、教科書に載っているような日本語です。「です」「ます」で、きちんとした文ならよくわかります。もちろん、漢語で難しい言葉もありますが、それよりもカジュアルな話し方のほうが、日本語の勉強では慣れていないので難しいのです。「忘れちゃった」より「忘れてしまいました」のほうが、「ムズ〜」より「難しい」のほうが、ずっと彼らには簡単です。

　言葉の難しさとは厄介なものですね。話している相手が変な顔をしたら、辞書に載っているような言葉や教科書的な文で話してあげてみてください。

24

あなたは教授を
「〇〇さん」と呼べますか？

《 呼称の使い分け 》

　コロナウイルスの影響で皆さんも自粛生活を自宅でしていたと思いますが、私も自宅にいる間、いつもは見ないテレビ番組を見る機会がありました。ある番組で、ある男性アイドルを敬愛するファンが友だちと喫茶店にいるとき、突然、その男性アイドルが隣の席に座ったらどうなるかという実験観察（モニタリング）をしていました。ファンの女性は、もちろんすぐに気が付いたのですが、その後の対応がとても面白いと思いました。

　大ファンなのですから、男性アイドルに声をかけ、「握手してください」とか、「ずっとファンです。サインをいただけますか」と言うのかなと思っていたら、全然違いました。ファンの女性は固まってしまい、「もう死んじゃう」と小声で言い、声をかけるなどとんでもないという雰囲気で、息苦しそうで男性アイドルの方を見ることもできません。大好きが高じるとそこに彼を崇めるような気持ちが生まれ、親しく近づくどころか、距離を置いて有り難く遠めにそっと拝むという状態になってしまうのでしょうか。なんとも複雑で不思議な対応ですね。

　皆さんは、熱烈に支持している大好きな人が近くに来たら、

どういう反応をするでしょうか。「やったー！」と、握手を求めるでしょうか。それとも、この女性のように固まってしまうでしょうか。

こういうとても敬愛しているのに距離を置いてしまうという感覚は、実は言葉の使い方にもあります。それは、相手の呼び方、つまり「呼称」です。日本語で自分より上の立場の人を呼ぶとき、皆さんは、どのように呼んでいるでしょうか。例えば、学校での先生や、サークルの先輩、顧問、アルバイト先の店長や社長に対して、どのように呼びかけていますか。多くの人は、「先生」「○○先輩」「店長」「社長」と呼んでいるのではないでしょうか。

家庭内ではどうでしょうか。ご両親やお兄さん、お姉さんに対して、どのように呼びかけていますか。「お父さん」「ママ」「お兄ちゃん」「お姉ちゃん」などでしょうか。人の呼び方について不思議だと思いませんか。上司や年上の人を呼ぶとき、「田中さん」とか「優さん」とか、どうして、名前を言わないのでしょうか。

その一方で、組織の中の下の人たちや下の兄弟、姉妹に対しては、どのように呼んでいますか。「佐藤さん」「順ちゃん」「ひろし君」のように、名前に「さん」や「ちゃん」「君」などをつけて呼んでいないでしょうか。年上の人に対するように、年下の人に対して、「○○後輩」「弟ちゃん」「妹ちゃん」などのような肩書や親族名称で呼ぶことはありません。

「先生、おはようございます」とは言えるのに、先生から「学生、おはよう」「生徒、おはよう」とは言いません。「部

長、よろしくお願いします」とは言えるのに、部長から「社員、よろしく頼むよ」とは言いません。

　誰もそういう呼び方をしなさいと教えたわけでもないのに、日本語文化の中では、自然にみんながそのような呼び方をしているのです。日本語では、このように上下関係によって相手の呼び方が異なるのが特徴の一つです。しかし、すべての言語文化でこのような特徴があるわけではありません。

　例えば、英語圏であるアメリカでは、日本ほど上下関係で相手の呼び方を変えることはありません。大学では、授業中、先生に対して、"Professor Culliton"とか、"Professor"と呼ぶ人もいくらかはいますが、大半の学生たちは、教員に対して親しみを込めて、"Thomas"とか、"Mary"と呼びかけていました。世界的に有名な教授に対しても、名前、しかもファーストネームで呼んでいました。あまりに親しげな言い方に私は驚きましたが、先生方は何の不思議も感じず、普通に対応していたのを留学体験として覚えています。

　また、家庭内でも、あるご家庭からお誘いを受けてバーベキューに行ったとき、その家の子どもが父親に対して"Steve"と呼んでいて驚いたことがありました。"Dad/Mom"とか"Pa/Ma"という呼び方もありますが、家庭内でみんなが名前で呼び合っている姿には、不思議な感覚を持ちました。

　この違いはいったいどこから生まれてくるのでしょうか。その理由の一つには、冒頭で紹介した敬愛する相手への複雑で不思議な感覚があると言われています。

　日本人の場合、年上の相手や組織内や社会的に上の関係にあ

る人に対して、敬意を表すために相手に近づく言い方ではなく、一歩下がって「丁重さ」や「改まり」を示します。敬意を表すには、その人や物事に対して近づくのではなく、かしこまって遠く離れ、距離を置くことで丁重に扱おうとするのです。

そして、距離感を縮めるような親しげで直接的な名前の呼び方を失礼と捉え、「社長」とか「部長」というような肩書きを使って相手を呼んだり、「お母さん」「おじさん」「お姉ちゃん」というような親族名称を使って関係性を明確にして呼ぶのです。

ですから、他社を訪問した際、その会社の社長に対して初対面の年下の方から、名刺交換の後、急に例えば、「山下さんは、どのような経営理念を掲げていらっしゃるのでしょうか?」などと聞かれたら、ちょっと違和感があり、妙に親しげにしてきて馴れ馴れしい人だなと感じます。

私も、先日、新入生の留学生から、「荻原さん、おはようございます」で始まるメールをもらい、心が少しざわつきました。日本語文化では、敬意には常に距離感を保った「改まり」が共存し、親しさと敬意とは相容れ難い感覚があるようです。

それに対して、アメリカなどでは、人間関係になるべく上下を作らず対等であることがコミュニケーションの理想としている社会なので、相手に近づき親しく呼ぶことでも敬意を表現できるのです。

私はアメリカで、いつも"Professor Culliton"と呼んでいた先生から、「あなたはいつもフォーマルですね」と言われたこ

121

とがありました。尊敬する先生をファーストネームで呼ぶこと
は、気が引けてどうしてもできなかったのです。知り合って半
年以上経つのに、いつまで経っても呼び方が変わらないこと
に、先生は少し違和感を覚えていらっしゃったのだと思いま
す。

　どちらの言い方がいいとか悪いとかではなく、それぞれの文
化によって敬意に対する捉え方が違うことを教えてくれる経験
でした。

25

「うん、ええ、えーっと、あのー、そのー」

日本人は何気なく話しているけれど、言語文化差があるために、外国人にとっては難しいものは、他にもあります。

次の会話は学生同士の会話で、アルバイト代のことを話しているのですが、この会話を見て、皆さんはどのように感じますか。

A：そういえば、給料日だしなー。
B：そうなんだよね。俺10日前だけど。
A：給料日でー、うん、そう、ほんとは25日なんだけど、25日が土曜だから、今日入ってて、でもなー、最近働いてないから、そんな入ってなかったなー。
B：俺も今月はあんまり。自動車学校でさ、休んだときがあってさー。今月ちょっと少ないんだよね。

普通の男子学生が話している様子だとわかりますが、二人が楽しそうに話している感じがしたでしょうか。では、次にこの会話を見てください。どちらが楽しそうだと思いますか。

A：そういえば、給料日だしなー。

　B：そうなんだよね。俺10日前だけど。

　A：給料日でー、うん、そう、ほんとは25日なんだけど、
　　　（B：そうそう）25日が土曜だから、（B：そうそうそ
　　　うそう）今日入ってて、でもなー、最近働いてないか
　　　ら、そんな入ってなかったなー。

　B：俺も今月はあんまり。自動車学校でさ、休んだときが
　　　あってさー。（A：あー）今月ちょっと少ないんだよね
　　　（A：そっかー）。

　いかがでしょうか。2つ目の会話のほうが、話が弾んでいる
感じがしませんか。その違いは、会話の間に入る「うん」「そ
う」「あー」などの相づちがあるかないかです。

　これらの相づちがタイミングよく、話の合間に入るだけで、
テンポよく次々と話が続き、互いに話の内容や相手の気持ち
を理解している感じがします。Bの「そうそうそうそう」など
は、「そう」をこれほどたくさん続けることで、相手の発話内
容に対して同意している気持ちが伝わり、25日が土曜だから
バイト代がいつもより早く入っているということを、「その通
りだ」「自分も知っている」と強く共感しているように感じま
す。

　また、Aの「あー」という相づちも、「Bが自動車学校に
行ってバイトを休んだことがあったなあ」とそのときのことを
思い出した感じが伝わってきて、話しているBにとってもよく
事情をわかってくれていると実感できます。

　このように、相づちは「うん」「ええ」など、相手に話を聞いているということや理解しているということを伝えたり、「えー」「へえー」などで自分の感情を表したり、「そうですね」「なるほど」などで自分の共感や同意、確認などを伝えたりしています。短い言葉ですが、タイミングよく相手の発話の間に発することで、このようなことを表せる便利なものです。

　相づちは、どの言語にもありますが、使用頻度は様々で、どちらかというと日本語の母語話者は使用頻度が高いと言われています。1分間に15〜20回相づちを打つとか、6.1秒に1回相づちを打つなどの調査があります。そして、日本語の母語話者同士が話す場合は、合いの手のように相づちを入れることが多く、「そうなんだ」「うん、そうそう」のような相づちの応酬をすることもあると言われています。

　一方で、相づちをそれほど使用しない人々もいます。英語母語話者も中国語母語話者も、日本語母語話者と比べると少ないです。対面で会話をしていて、相手は真剣な顔で話を聞いていてくれるのですが、相づちを全く打ってくれないと、何か不満があるのかと日本人は心配になってしまいます。

　また、電話のときは、相手の表情が見えないので、相づちを打ってくれないと、「もしもし、聞いてますか？」と思わず、相手が聞いているのかどうかを確かめたくなります。

　さらに、相づちを外国人が使う場合、日本人にはわからない難しさもあります。

　例えば、ハンバーガー屋さんでこのような会話が行われていたら、あなたはどう思いますか。

店員：どちらの商品になさいますか。

お客：えっとー、このハンバーガーを1つと（店員：う
　　　ん）、コーラを1つと（店員：うん）、ポテトも付けて
　　　ください。

店員：はい、ハンバーガーとコーラとポテトでございます
　　　ね。少々お待ちください。

　店員さんは、「どちら」「なさいます」「ございます」な
ど、きちんと敬語を使って話しています。けれども、お客が注
文をしているときの相づちは「うん」を使っています。もし、
あなたが客ならどのような気持ちがするでしょうか。友だちで
もないのに、馴れ馴れしい店員だと思ってしまうかもしれませ
ん。相づちにも、丁寧な相づちとそうではない相づちがあり、
敬語同様、使い分けが必要なのです。

　また、次の会話は職場での会話ですが、あなたはどう思いま
すか。

A：課長、このプロジェクトは長いのですか？

課長：このプロジェクト？（A：ええ）そうだな、Aさんが
　　　入社する前のことになるから（A：ふ〜ん）、もう3年に
　　　なるかなあ（A：そうなんだ）。初めは、どこから手を
　　　付けたらいいかわからなくて（A：なるほど）、みんな
　　　苦労したんだよ（A：そうですよね）。

　Aさんは、課長の話にたくさん相づちを使って聞いていま

す。けれども、このような相づちを打たれた課長は、話しやすかったでしょうか。Aさんが聞いたから答えているのに「ふ〜ん」と興味がないように言われたり、「そうなんだ」と急に馴れ馴れしい感じになったり、事情を説明しただけで「なるほど」と納得している様子を見せたりしています。挙句の果てには、Aさんにはわからないような苦労があったと話しているのに「そうですよね」と簡単に同意されています。これでは、適切とは言えない相づちのせいで、課長は少し話しづらくなったかもしれません。

　相づちにもいろいろな種類があって、それぞれ丁寧さも違いますし、働きもそれぞれ違います。日本語の相づちの種類は多く、使い分けるのはそれほど簡単なことではありません。知識を持った上で、会話経験を積むことによって身に付けられるものです。外国人にとっては、同様の相づちが母国語にあるとは限りません。ですから、一つひとつの相づちの働きを理解することは大変です。

　ただ、こういう相づちが使いこなせるだけで、会話をしている楽しさや円滑さが全く違ってくるのです。うまく使えたら、会話が弾み、テンポよく日本語で話せるようになります。もし、外国人が、このような少し違う対応を取っていたら、ぜひ、相づちについての知識と面白さを教えてあげてください。

26

「燃えるゴミの日は月水金」
「月水金」

いつもいろいろな人と日本語で話していますが、自分がどんな風に話しているかは、意外に気が付かないものです。例えば、次の会話を見てください。引っ越しをして新たな生活を始めようとしているAさんが、マンションの管理人さんにゴミの出し方を尋ねています。

Aさん：すみません。ゴミの出し方がわからないのですが、
　　　　教えていただけませんか。
管理人：はい、いいですよ。燃えるゴミの日は月水金です。
Aさん：はい。
管理人：燃えないゴミの日は、火曜と木曜です。
Aさん：はい。
管理人：必ず指定のゴミ袋に入れて、朝8時までに出してください。

普通の会話に見えますが、やや事務的なやり取りですね。私は、これまで多くの自然会話（＝普段の自然な話し方）のデータを集めてきましたが、実際の日本語の母語話者の話し方は、

このような話し方ではなく、次のような会話が行われていることが多いです。

　Ａさん：すみません。ゴミの出し方がわからないのですが、
　　　　教えていただけませんか。
　管理人：ああ、ゴミの出し方ですね。いいですよ。燃えるゴ
　　　　ミの日は月水金です。
　Ａさん：燃えるゴミは月水金。
　管理人：燃えないゴミの日は、火曜と木曜です。
　Ａさん：燃えないゴミは火曜と木曜。
　管理人：ええ、必ず指定のゴミ袋に入れて、朝8時までに出
　　　　してください。

　初めの会話と2番目の会話を見て、どのような違いを感じますか。初めの会話に、特に問題はありませんが、初めの会話の事務的な感じと比べて2番目の会話のほうが、なんとなくリズムよく円滑な会話に聞こえないでしょうか。
　初めの会話は、質問と答えの単純なやり取りですが、2番目の会話は、相手が言った言葉の一部を繰り返しています。「ゴミの出し方ですね」「燃えるゴミは月水金」「燃えないゴミは火曜と木曜」と、管理人もＡさんも、この言葉の一部を繰り返しています。互いにキーワードのようなフレーズを繰り返すことで、リズム感が生まれています。
　皆さんは、いつもどちらのタイプの話し方をしているでしょうか。私の調査では、日本語の母語話者の場合、9割近い人が

2番目のような会話をしていると回答しています。それだけでなく、できれば、会話の相手にも2番目のような会話の仕方をしてほしいと答えています。

　この繰り返しは、初めの会話を見てもわかるように、内容を理解する上では特に必要がないものです。十分、お互いの言いたいことは伝わっています。それなのに、どうしてこのような話し方をするのでしょうか。

　この会話例の場合は、キーワードを繰り返すことで、言葉を取り立て、情報内容の確認をするという働きがあります。そして、同じ言葉の繰り返しで、会話全体にリズムが生まれ、一体感のようなものも生まれています。

　次のような会話ならどうでしょうか。

Ｂ：昨日、駅前の新しいケーキ屋さんに行ったんだけど、あ
　　そこのマカロン、
Ｃ：あ、マカロン。
Ｂ：すっごくおいしかった。
Ｃ：おいしいよね。
Ｂ：特に、シトロンとベリーのマカロン、
Ｃ：そうそう。シトロンとベリー。あれ、やばいよね。
Ｂ：やばい、やばい。

　友だち同士の会話ですが、繰り返しの応酬で会話が盛り上がっている感じが伝わってきます。「マカロン」「おいしい」などが繰り返されることで、感情が相互に伝わり、おいしいこ

とへの共感や一体感が生まれています。繰り返しの働きは、このようにいろいろあると言われています。

　このような繰り返しの多い会話を、日本語の母語話者は日常的な会話として受け入れ、むしろ好んでいます。けれども、外国人も同じように感じているとは限りません。

　これまで中国人や韓国人、ベトナム人に調査をしましたが、必ずしも、このような会話のやり取りを好ましく思っていない人がいることがわかっています。約4割の人々は、このような会話を楽しそうな会話と感じないと答えています。また、このような会話をしたいとは思わないと答えているのです。そして、最初のような繰り返しをしない会話のほうが、楽しく盛り上がっている会話だと感じたと答えている人もいます。

　では、どうしてこのような会話を好ましく思わないのでしょうか。それは、内容を理解する上で必要ないからです。相手の言葉を繰り返すとは、ある意味、無駄な言葉を発していると感じる人もいます。必要な言葉と必要なことだけを言う話し方のほうが簡単でわかりやすいし、きちんと聞いてくれていたのだと感じると答えています。

　自分が言った言葉を相手が繰り返すと、ちゃんと聞いていなかったから聞き返しているのかと誤解したり、その言葉を疑っているのかと勘違いしたりするというのです。言う必要のある意味ある言葉だけ、きちんと話しているほうが、楽しく適切なやり取りだと感じている人もいるのです。

　言葉の繰り返しというのは、情報量の提供という意味では、特に必要ではないため、ある種の遊びや余裕のようなもので

す。こうした遊びが、日本語の母語話者にとっては楽しさや共感につながるのですが、すべての人に共通する感覚ではないのです。ですから、自分が楽しいと思って繰り返しを多用して話しているとき、外国人が相手の場合、どうしてこのような話し方をするのだろうと不審に思いながら対応しているということもあるかもしれません。

　逆に、繰り返しなどをしない、単純な質問と答えのような会話をする外国人がいた場合、日本語の母語話者にとっては、なんとなく盛り上がらない、機械的な会話だと感じている可能性もあります。互いに、話し方のスタイルの違いに気づかないと、こうした行き違いも起きるのです。

　お互いに楽しく会話をしようとしているのに、お互いの好みの話し方を知らないために、なんとなく気まずい雰囲気になるのは残念です。何かおかしいなと思ったら、一度、お互いに話し方についてどう感じているかを聞いてみるのもいいのではないでしょうか。

語法・文法の
「壁」

「Part1」と「Part2」では、様々な表現の使い分けなどについて、言語文化には違いがあるということをご紹介しました。ただ、外国人にとっては、そもそも言語が違うことがいちばん「壁」になるのでは、と思うのではないでしょうか。確かに、言語が異なると、文法が異なりますし、母語にはない語法や品詞など、戸惑うものがたくさんあります。その中でも、外国人にとって難しく感じるものについて、ご紹介していきたいと思います。

27

「私が申し込む」と
「私は申し込む」の違いは？

《「は」と「が」の使い分け 》

　私が勤務している大学の外国語学部日本語学科では、国語科教員の養成を行っていますが、外国人に日本語を教える日本語教師の養成も行っています。その日本語教師養成コースの学生の中に、留学生が毎年数名います。日本語教師を目指している人は、年1回10月に行われる「日本語教育能力検定試験」という試験を1つの目標にしていて、毎年挑戦しています。

　先日、その検定試験の申し込みの締め切りが近かったので、研究室に別件で来ていた日本語教師養成コースの3名の留学生に申し込みをしたかどうかを尋ねました。すると、そのうちの1人のAさんが「私が申し込みしました」と答えました。他の2人が黙っていたので、「そう、3人分をAさんが申し込んだの？」と尋ねると、「いいえ、私が申し込んだんです。2人はまだ申し込んでいません」と答えました。

　このやり取りですが、少し違和感がありませんか。私はAさんの「私が申し込みしました」という発話を聞いて、いつも仲の良い3人なので、3人分をまとめてAさんが申し込んだのだと思ってしまいましたが、それは事実とは異なりました。

　なぜそう勘違いしたかというと、Aさんの「私が」の使い方

が適切ではなかったからです。この状況だったら、私の質問に対してＡさんは「私は申し込みました」と答え、他の2人は「私たちはまだです」と答えるとよかったと伝えると、いつも成績優秀なＡさんが「初心者みたいな間違いをしてしまいました！」と言ったので、みんなで思わず笑ってしまいました。しかし、外国人にとって、このような助詞の「は」と「が」は、実はとても難しい使い分けの一つなのです。

　日本語を母語として話している皆さんにとっては、「は」と「が」は特に意識しないで使い分けをしているでしょう。では、どのような場合に「は」を使い、どのような場合に「が」を使っているか、Ａさんのような外国人に聞かれて、きちんと答えることができるでしょうか。突然、説明を求められても、なかなか答えられないと思います。

　このＡさんの場合は、Ａさんは申し込みをしており、他の2人は申し込みをしていないので、「した」と「していない」という対比があります。このような対照的な関係がある場合は、助詞は「は」を使うことになっています。「兄はあっさりした食べ物が好きだが、弟はこってりした食べ物が好きだ」とか、「日本語はSOVの語順だが、英語はSVOの語順だ」のように「は」を使います。

　その一方、Ａさんが「私が申し込みました」と言ったときに、私が勘違いしてしまったのは、助詞「が」の総記という用法によるものです。

　総記というのは、簡単に言うと、「〜だけが」という機能を示しています。例えば、大勢の人がいるところで初めてお会い

する田中さんを探して、「田中さんはいらっしゃいますか？」と言った場合、「はい、私が田中です」というふうに答えます。大勢の中で私だけが田中なのだと名乗り出ていることを「が」を使って示しているのです。

　Aさんたち留学生の場合は、Aさんの「私が申し込みました」という発話を聞いた段階で、対照的な関係がある場合の「は」を使っていないことから、「まだ申し込んでいない人はいない」と私は思い込み、「3人の中でAさんだけが申し込んだということは、Aさんが3人分を代表して申し込んだのだろう」と勝手に推察してしまったのです。たった一音の「は」と「が」の違いだけで、これだけ異なる解釈をしてしまうのです。

　助詞の「は」と「が」の違いとしては、その他にも新情報の「が」と旧情報の「は」で説明されるものがあります。

　例えば、皆さんがよく知っている昔ばなしを思い出すといいでしょう。昔ばなしは、よく次のような文章から始まります。「昔々、あるところに、おじいさんとおばあさんが住んでいました。おじいさんは山へ柴刈りに、おばあさんは川へ洗濯に行きました」

　この話では、最初におじいさんとおばあさんが登場しますが、この部分がこの2人が初めて紹介される場面です。ですから、2人については新しい情報として捉えられます。そのようなときには、助詞の「が」を使って紹介されるのです。

　その次の文の段階では、一度紹介されたおじいさんの話をするので、すでに知っているおじいさんは新しい情報ではなく、

既知の情報として「は」を使い、今何をしているかを説明しています。おばあさんの存在についても紹介済みなので、旧情報として「は」を使って、今何をしているかを説明しています。

このように、日本語を母語としている私たちは、これまで誰にも説明されることなく、無意識のうちに「は」と「が」を使い分け、それぞれの情報を理解しているのです。この他にも、助詞の「は」と「が」には、それぞれに働きがあります。

例えば、「は」の最も中心的な働きは主題だと言われています。「日本はアジアの一国である」「東京ディズニーランドは千葉県浦安市にある」のように、これらの文で「は」は「日本について」「東京ディズニーランドについて」述べているということを表しています。それぞれの文のテーマが何であるのかを示すものとして、助詞の「は」が使われています。

こうした「は」と「が」は、それぞれの文脈、述語の種類、名詞の意味などによっても用法が異なり、それほど単純に意味用法を決めることができないのも、この2つの使い分けを複雑にしています。

今回、このような私の勘違いから、Aさんたちは、「は」と「が」の使い分けの間違いに気づき、使い分けについて身をもって学ぶことになりました。この使い分けは、日本語教師が外国人に教えるのが難しい事柄の1つでもあり、期せずして、彼らは、日本語教師になるための道のりを一歩進んだと言えます。恐らく、決して忘れない使い分けの用法になったのではないでしょうか。「失敗は成功のもとですね」と笑って研究室を出ていったAさんたちが、とても頼もしく見えました。

28

日本語を日本語で教えるってどういうこと？

《「直接法」の具体例 》

　この本を読んでくださっている人の中には、将来、先生として日本語を教えたいと考えている方もいらっしゃると思います。そこで、日本語を主に外国人に教える「日本語教育」の一端をご紹介しようと思います。

　日本語を教えるというと、「英語がお得意なのですね」とよく言われます。また、高校生から「日本語教師に興味はあるけど、英語が苦手だから無理ですよね」という声も聞きます。これらは、日本語を外国人に「英語で」教えることを前提とした発言でしょう。

　しかし、その前提は全くの誤りです。もちろん、アメリカでアメリカ人に日本語を教えるのなら、おそらく英語で教えると思いますが、少なくとも日本の日本語学校などで日本語を教える場合は、ほとんどが日本語で教えています。「日本語で日本語を教える」と聞いて、意外に思われる人が多いのではないでしょうか。

　日本語学校では、主に、日本の大学や専門学校などに進学することを希望している外国籍の人が、予備教育や進学のための受験科目として日本語を学んでいます。ビザの関係で最長2年

までしか在籍できませんが、その間に受験準備をして、どこかの学校に進学します。

　学生の国籍は様々で、中国、ベトナムをはじめ、スリランカ、インドネシア、フィリピン、韓国など世界中から来ています。当然、クラス内も多国籍の学生がいるため、共通語というと、勉強している日本語しかないのです。英語をすべての学生が勉強しているわけではありませんし、すべての人が英語が得意なわけでもありません。

　そうなると、初心者であっても、全員にとって共通して学んでいる日本語がクラスの共通語になります。ですから、来日間もない学生が集まったクラスでは、全員が円滑にコミュニケーションをとれる言語はなく、「あいうえお」から、全員で学んでいくことになります。

　「そんな状態で日本語を学んでいけるの？」と、不思議に思われる方もいらっしゃるでしょう。そこで、日本語教師の教える知識と技術が必要となります。

　では、日本語で日本語を教えるとは、どのようにするのでしょうか。単純な語彙であれば、実際に見せて「机」「ペン」「本」などと言えばよいでしょう。それが文になると、実際に机の上に本を置いて、ジェスチャーを交えながら、「机の上に本があります」「机の上にペンがあります」などと、文の意味がわかるように、見せながら教えていきます。

　さらに、微妙な違いを伝えなければならないこともあります。例えば、「この箱の中に何がありますか？」と「この箱の中に何かありますか？」という2つの文はどうやって違いを教

えますか。

　違いは「何が」と「何か」だけなのですが、全く意味は異なります。教える側も、違いは何かを明確に理解しておかなければなりません。その上で、その違いがわかるように教えなければなりませんが、日本語でその違いを留学生に説明してもわかりませんよね。その説明が理解できる日本語力があれば、このような簡単な日本語はもう知っているはずです。

　例えば、こんな教え方をします。小さな箱を用意して、その中にペンと消しゴムをみんなに見せながら入れます。そして、箱のふたを閉めて、聞きます。

　「この箱の中に何がありますか？」

　そうすると、「何」という言葉に触発されて、「ペン」とか「消しゴム」と大きな声で学生は答えてくれます。「そうです。この箱の中にペンと消しゴムがあります」と言って、答えをリピートさせます。このような一連の質問と答えを、箱の中に入れるものを変えながら、2、3回やって見せます。その後、質問と答えを板書します。

　この文型が理解できて、話せるようになったところで、次の質問をします。あらかじめ机の下に用意しておいた別の箱を取り出し、「この箱の中に何かありますか？」と聞きます。

　先ほどの文型と同じだと勘違いした学生は「わかりません！」などと言いますが、もう一度、はっきりと質問します。

　「この箱の中に何かありますか？」

　すると、学生はきょとんとした顔をして、「何か？」「何が？」と口々に言い始めます。そして、「何が」ではなく、

「何か」だと気づいたころに、箱を持ち上げて振ってみます。何か音がします。そして、「何かありますか?」ともう一度聞きます。すると、誰かが、「あります、あります!」と言ってくれます。

そこで、すかさず、「はい、あります」と答えて、箱のふたを開け、中身を見せます。「はい、この箱の中にキャンディがあります」と言います。

次に、もう一つ用意しておいた箱を取り出して、「この箱の中に何かありますか?」と言って、箱を振って見せます。今度は、何も音がしません。すると、学生は「ありません!」と言って答えてくれます。

「この箱の中に何かありますか?」「いいえ、ありません」と質問と答えを繰り返しながら、ふたを開け、中に何もないことを見せます。そして、この質問と答えを先ほどの文型の横に板書し、2つの文型の違いがはっきりとわかるように見せます。

質問は、「何が」と「何か」の違いしかありませんが、答えは、ひとつは中身を答える文となり、もうひとつは、あるかないかを答える「はい」「いいえ」の文となります。

このように、一つひとつの文型を教えるために、その文型が持っている意味や機能を考え、それがよくわかる例を見せながら、話して理解してもらいます。したがって、文型ごとに教え方も多様であり、その文型をいつどのような状況で使用するかを考えた上で教えていくことになります。

日本語教師にとっても、無意識に使っていた文型について、

一つひとつ意味や使い方、使用場面などについて深く考える機会になります。準備は、地道でなかなか大変な作業ですが、学生たちが理解してくれたときの目の輝きを見るたびに、少なからず達成感を感じます。

　そして、クラスの学生同士も、日々話せることや理解できることが増えていき、お互いにコミュニケーションが取れるようになり、クラスの中で話すのが楽しくなってきます。その成長を見ることが、日本語教師にとっては教師冥利に尽きると言えます。

29

「から」を使った「ので」…

　新型コロナウイルスの影響で、2020年〜2022年は外国から
の来日外国人は急激に減少しましたが、それ以前から日本で生
活していた外国人はかなりいました。出入国在留管理庁が発表
した2019年12月の統計によると、日本には293万3137人の外
国人が在住しており、前年の2018年に比べて約20万人増えて
います。新型コロナウイルスの影響で一時帰国した人もいると
思いますが、かなり多いと思いませんか。

　その中の大半が、いくらかは日本語を使っているわけですか
ら、日本人と外国人が日本語でおしゃべりするという機会も増
えていると思われます。そうした状況の中で、ときどき思わぬ
誤解が生じることがあります。

　ある日、授業をしていたら、遅れて次々と学生が教室に入っ
て来ました。その日は電車があちこちで遅れていたのです。遅
れてきた学生のほとんどは、教室に入って軽く会釈して、黙っ
て空いている席にそっと座ったり、私と目が合うと、「すいま
せん。電車が遅れてて」と挨拶して席についたりしていまし
た。

　そこへ、ある留学生が同様に慌てた様子で教室に入って来ま

した。真面目な学生で、いつも早く来て教室の前の方に座っている学生でした。その学生も、私と目が合ったので、「あ、おはようございます。電車が遅れたから、遅くなりました」と言って、そっといつもの席に座りました。私は特に気にせず、また授業を続けていました。

　ところが、授業が終わったとき、後ろの方に座っていた日本人の学生が、「先生、あの留学生は感じ悪いですね」と声をかけてきました。「感じ悪い」という印象が私にはなかったので、不思議に思い、「どうして？」と尋ねたところ、「『電車が遅れたから、遅くなりました』って言ってましたよ」という返事でした。

　みなさんは、この話し方をどう思われますか。遅れたときに、「電車が遅れたから」という言い方に、どのような印象を持たれたでしょうか。

　確かに、ほとんどの日本人学生は、「○○線が遅れてて」とか、「電車が遅れたので、すみません」などと言うことが多いと思います。「電車が遅れたから」と言う日本人は少ないかもしれません。

　この理由を述べるときに使う「から」と「ので」が、声をかけてきた日本人学生にとっては明らかに異なり、その違いが重要なものだったのだと思います。

　例えば、約束したにもかかわらず、友人が随分遅れて待ち合わせ場所に来て、「電車が遅れたから」と言われると、ちょっと嫌な感じがあります。「電車が遅れたので、すみません」なら、まだすんなり受け入れられ、言う方も違和感はありません

が、「電車が遅れたから、すみません」というのは、何か違和感があります。それはどうしてなのでしょうか。

前にも同様のケースで「から」と「ので」の違いについて少し触れましたが、皆さんは、この違和感を説明できますか。

まず、「から」と「ので」では、文法的に接続についての違いがあります。

「から」の場合は、「明日は雨が降るだろうから、傘の準備をしておきましょう」「明日は朝の出発が早いですから、今晩は早く寝てください」のように、「から」の前に「だろう」とか「です・ます」のような丁寧体を使うことができます。それに対して、「ので」は、「〜降るだろうので」「〜早いですので」のような言い方はできません。

次に、文末に注目すると、「から」の方が使い方は自由です。例えば、「あのバイトは時給が安いから、やめるつもりです」のような「つもりです」で意思を表したり、「そんな行為は危険だから、やめるべきです」のように「〜べきです」という強い意見を述べるときに使います。

また、「ガス臭いから、早く窓を開けろ！」「部屋の電気がついているから、誰かいるのだろう」のように、「開けろ」のような命令などを表現したり、「だろう」で自分の推測を表現したりして、理由を示すために使うこともできます。

これらを「ので」に変えると、「ガス臭いので、早く窓を開けろ！」「部屋の電気がついているので、誰かいるのだろう」となり、理由を説明する前件と命令や推測を表現する後件のバランスが、どうもしっくりいかない感じがしませんか。

一方、「ので」は、「まもなく電車が参りますので、白線まで下がってお待ちください」のように、指示を表す「ください」を使った文でも、お客様に対して命令口調にならないようないくらかの丁寧さが感じられます。「から」よりも柔らかく、丁寧な感じがしませんか。

　こうした観点から、「から」と「ので」の違いは、主観的な「から」と客観的な「ので」という言い方でよく表されます。「から」を使うと、主観的な印象があり、自分の意思や考え、命令などのように明確で強い自分のメッセージを伝えたいときには適しています。「から」で表現される理由と自分の考えが直接的につながるイメージがあります。

　一方、「ので」は客観的な原因と結果を表すような、「日照不足だったので、野菜の生育が遅れている」「少子化現象が加速しているので、日本の人口は急激に減少している」などのような文には適していると言えます。

　これらは、事実を示して、その理由から当然の帰結と考えられる事象や現象を表現しています。自分個人の考えや意思を伝える文とは異なる淡々とした論理性が感じられ、これらの文で「から」を使うと違和感があります。

　このような違いがわかると、「感じ悪い」と言っていた学生の言葉も、それなりの理由があると納得できます。遅刻したときなどに「から」を使うと、「遅れたのは、自分のせいではない。電車のせいだから、私は何も悪くない」という自己主張や自己弁護をしているような印象が出てきて、「あの人は感じ悪い」と思う人が出てくるわけです。その上、「ので」のような

丁寧さもあまりないので、余計に「感じ悪い」という印象につながっていきます。

　けれども、皆さんはこのような違いを意識して「から」と「ので」を使い分けしていますか。母語話者であれば、ほとんどの人が無意識に使い分けていて、どちらかというと、自分がこのような使い分けをしているということに気づいていなかったのではないでしょうか。それが、母語話者と日本語学習者との大きな違いです。「感じ悪い」と指摘された留学生には、悪気もなく、自己主張する気持ちもなかったと思います。ただ、このような使い分けについての知識や注意が足りなかっただけなのです。

　もしかしたら、この留学生にとっては、丁寧に話したつもりだったのかもしれません。ちょっとした表現で相手の印象は変わってしまいます。その印象だけで外国人の人柄まで決めてしまわないようにするやさしさと寛容さが、母語話者の側にも必要です。

30

してもらったり、してくれたりする人に、何かしてあげたい

《 授受表現 》

本書の読者の中には、将来、日本語教師になりたいと考えている方もいらっしゃると思います。一般的に、教師にとって、説明力というのはとても重要です。日本語教育で、教えるのが難しい表現がいくつかありますが、どうしたらわかりやすく説明できるか、今回はその一つをご紹介したいと思います。

まず、以下の文の違いは、どうしたらわかりやすく説明できるでしょうか。

(a) 先生は弟に日本語を教えた。
(b) 先生は弟に日本語を教えてくれた。
(c) 先生に弟は日本語を教えてもらった。
(d) 先生は弟に日本語を教えてあげた。

先生に対する敬意表現を使うとすると、(b)は、「教えてくださった」で、(c)は「教えていただいた」のほうが適切ですし、厳密に言えば、(d)は使い方があまり適切な文とは言えませんが、まずは敬語を使わないで、(a)〜(d)の意味や使い方の違いを考えてみましょう。

　(b)〜(d)の文は、日本語教育では「やりもらい」と呼ばれる授受表現です。日本語教育の初級文法の後半で扱われることが多いのですが、教えるのが難しい文法項目の一つです。その難しさとは何でしょうか。

　それは、(a)〜(d)の文が表している現象は、どれも同じだからです。先生が教える人で、教えた内容は日本語で、教わった人は弟です。どれも同じ事実を表しているのに、4つの言い方を使い分けるのが難しいのです。

　まず、(a)は、先生が弟に日本語を教えるという事実を述べた文です。この(a)の意味は、すべての文に含まれている意味です。それが、(b)の「〜てくれた」という表現になると、この話をしている人が弟に教えたという行為について、先生に対して感謝の気持ちがあることが伝わります。(c)の「〜てもらった」も同様です。(a)の意味に加え、(b)、(c)の文なら感謝の気持ちも一緒に伝えることができるのです。

　(d)も同様に、(a)のような事実を淡々と述べる文ではなく、「〜てあげる」という表現で気持ちが入っていると感じられますが、それはどんな気持ちでしょうか。これは、話者が感謝をしているというよりは、「先生は大変なのにわざわざ教える時間を設けて教えたのだ」とでもいうようなニュアンスがあります。

　例えば、「私があなたのためにこれをしてあげた」「それにあれもしてあげたよ」と言われたら、あなたはどんな気持ちがするでしょうか。何だか、恩着せがましくて、「そんなにあれこれしてとはお願いしてないよ！」と言い返したくなるかもし

れません。

　日本語教育では、「〜てあげる」の表現を教えるときは、「私が〜てあげる」というような「私」を主語にした文はあまり使わないほうがいいと教えます。使い方に注意が必要な表現と言えるでしょう。

　では、(b)と(c)の違いは何でしょうか。どちらも先生の行為に感謝の気持ちが含まれている文ですが、何が違うのでしょうか。次の文で比べてみてください。

　(b2) その大工さんは私の家を修理してくれた。
　(c2) その大工さんに私の家を修理してもらった。

　まず、主語が違います。(b)と(b2)の主語は、「先生」と「大工さん」です。つまり、その行為を行った人が主語の文です。その一方、(c)と(c2)の主語は「弟」と「私」です。ですから、それぞれ何を中心に述べようとしているかが違ってきます。

　また、家を修理した人は大工さんで、恩恵を受けたのは私ですが、2つの文に少し違いを感じませんか。台風などで家の一部が壊れて、「大工さん、修理をしてもらえないでしょうか」と言って頼んだとき、あなたならその状況の説明を(b2)と(c2)のどちらの表現を使いますか。そして、家の一部が壊れて困っていたところ、知り合いに大工さんがいて、家の状況をたまたま見て、「ここ、修理しましょう」と申し出てくれて、修理したという場合、どちらの表現を使いますか。

　たぶん、前者の場合は(c2)の「修理してもらった」で、後者の場合は(b2)の「修理してくれた」ではないでしょうか。「〜てくれた」には、特にお願いしていない場合でも、何かしら恩恵を受けて感謝しているという気持ちが含まれていますが、「〜てもらう」は何かすることをお願いして、それを相手が実行したので感謝しているという場合によく使います。同じ感謝の気持ちでも、その背景の状況に違いがあります。

　さらに、文法的な問題ですが、大きな注意点として、「〜してくれる」の文は、「〜に」に常に「私」か私の家族などが入ります。そのため、「先生はAさんに日本語を教えてくれた」という文は使いません。これも、教えるときの注意点となっています。

　このように全く同じ行為が行われているのに、4つの言い方があり、日本語学習者には本当に使い分けが難しい表現です。「〜てくれる」「〜てもらう」「〜てあげる」のどれを使うのがいいのかわかりにくいですし、しかもそれぞれの表現で、「AがBに」のAに入るのは誰なのか、Bに入るのは誰なのかもややこしく、正しく使い分けるのが難しいです。

　そして、このような授受表現は日本語特有のものなので、特に、どうしてそのような言い方をしなければならないのか、と日本語学習者は不思議に思います。このような授受表現は、相手に感謝を忘れない日本人らしい表現だと私は思っていますが、その使いにくい表現を使え、と言われるほうは大変だと思います。

　けれども、もし、あなたが、熱を出して寝込んでいる一人暮

らしの友だちのことを考えて、忙しい中、果物や食べられそうな物などを買って届けたとしましょう。そのことについて、友だちが、後日、「病気で寝てたときに、Aさんが果物を持って来たんだよね」と話しているのを聞いたら、どう思いますか。

「持って来たんだ」という言い方に対して、「迷惑だった？」と不安な気持ちにならないでしょうか。「病気で寝てたら、Aさんが果物を持ってきてくれたんだよね」と言っているのを聞けば、「あ、喜んでくれたんだ」とこちらもうれしい気持ちになりますが、「持って来たんだ」では、人間関係にも微妙に影響しそうです。

このように使うべきところで使えないと、この授受表現は、余計な感情を相手に与えてしまう可能性があり、日本語を使用する際には、使いこなせるようになることが求められている表現だと言えます。

たった3つの授受表現ですが、それを説明するには、意味の違いだけでなく、文法や使い分けの違い、それを使ったときと使わなかったときの相手の気持ちなど、多方面からの説明が必要になります。言葉を教える大変さを知る表現でもあり、日本語を教える責任の大きさを感じる表現でもあります。

31

一体何種類の「ている」があるの？

　皆さんは海外旅行に行ったとき、どのような場所を訪ねてみたいですか。景色の美しい場所、歴史のある場所、おいしい料理が食べられる場所、貴重な美術品などが展示してある場所など、様々だと思います。私は、それらに加えて、地元のスーパーと書店をのぞくのが好きです。

　スーパーでは、地元の人が実際に召し上がっているものを見たり、値段を知ったりすることで、真の生活の姿や食文化を垣間見ることができます。また、書店では、日本の書物がどの程度普及しているのかを知ることができて興味深いです。

　最近は、どの国に行っても、本当に多くの種類の漫画が日本から輸出されていて、日本語で書かれたものや現地の言語に翻訳されたもの、そして、ときどき海賊版の漫画本も堂々と売られていることがあります。書店の中で日本の漫画が占める割合は、アジア圏では特に大きく、日本の漫画文化の普及を肌で感じることができます。それに、小説なども、村上春樹、吉本ばなな、東野圭吾など、人気作家の作品はかなり紹介されています。日本人として、海外の書店に並べられている日本の書籍を見るだけで、少し誇らしい気持ちになります。

こういった小説は、多くの場合、現地の言葉に翻訳されているようです。先日も、韓国から来た留学生が、母国にいるときは、よく韓国語訳された東野圭吾の作品を読んだと言っていました。そして、日本語を勉強するようになってからは、日本語で書かれた原本と翻訳版を比べて読むようになり、それがずいぶん日本語の勉強になったと言っていました。

　ただ、その留学生が言うには、翻訳版を読んだときは、韓国語ですらすら読めて、内容が頭に自然と入ってきたそうですが、原本を改めて読んでみると、翻訳版と少し違うところがあり、それが不思議な感じがしたそうです。

　そこで、どんな違いがあったのかを尋ねたところ、逆に、「先生、日本語の『ている』って、一体何種類あるんですか？」と質問されました。どういうことかと尋ねると、韓国語翻訳版の場合、原本の「〜ている」という表現が単純な過去形に訳されていることが多いというのです。

　例えば、原本の日本語版で「その手紙は固く封がされている」という表現が、韓国語版では「固く封じた手紙だった」という意味に訳されていたそうです。また、日本語版で「隣には倉庫兼駐車場にしていたと思われる小屋が建っている」という一文は、韓国語版では「隣は倉庫兼駐車場として使われたものとみられる古びた建物だった」という意味に訳されていたそうです。

　ほかにも、日本語版では「その道は緩やかに上り坂になっている」と「ている」が使われているのですが、韓国語版では、「その道はなだらかな坂道だった」という意味に、「青いイン

クでびっしりと文字が綴られている」という表現は、「青いイ
ンクで書いた文字がぎっしりと続いた」という意味になってい
たというのです。

　確かに、いずれも「〜ている」という表現で、状態として表
されている日本語表現が、韓国語版では過去の動作や名詞文で
翻訳されています。

　2つの表現を比べてみて、皆さんはどちらの表現が自然に伝
わってくるでしょうか。

　日本語表現の「〜ている」というのは、様々な意味を表す表
現で、5つの用法があると言われています。

　まず、1つ目は、いわゆる現在進行形の「今、ジュースを飲
んでいます」のような、ある動きが進行中であることを表す用
法です。

　2つ目は、結果の状態と呼ばれるもので、過去にした動きの
結果が継続している様子を表わすものです。「封がされてい
る」「ドアが閉まっている」のような表現がこれに当たり、朝
ドアを閉めたのだが、そのまま閉めた状態が継続していること
を示します。

　3つ目は、「状態の継続」と呼ばれるもので、「上り坂に
なっている」「この店は南を向いている」のように、ある状態
が長い間続いている様子を表わしています。

　4つ目は、ある動きが繰り返されていることを示す「繰り返
し」で、「毎週水泳教室に行っている」のようなものです。

　そして、5つ目は、「彼は、日本に2度留学している」のよ
うに「留学する」という動きは目に見える形で残っていません

が、その動きはこれまでに起きているという「経験」を表すものです。

　日本語の母語話者は、このような意味の違いをあまり考えないで、無意識に使いこなしているのですが、改めてこの違いについて説明されても、すぐ理解することが難しいかもしれません。けれども、詳しく動作の状態を分析すると、確かにある動きの異なる事態や局面を表しているのに、それをどれも同じ「〜ている」という表現で表しています。どれもよく使う表現であるだけに、日本語を学ぶ外国人には、使いこなすのが難しい表現です。

　先ほどの韓国語訳のように、きっぱり過去形で「〜だった」とか「封じた」「書いた」などと過去の動作として言い切ってしまうこともできるのに、日本語では、過去の動作そのものより、その動作が現在どのような状態であるのか、どのような過程があったのかを示すような表現が好まれるのです。日本が、行動することに意義を見出す「する文化」ではなく、徐々に人が変革していく過程を重視する「なる文化」であると言われることとも通じていると思います。

　このような表現を好んで使用するのは、日本人の価値志向が関係しているのだと思います。人間の活動に関する志向には、あるがままを肯定する「ある文化」と、行動することに意義を見いだす「する文化」、そして、自分を内面から徐々に変革する過程を重視するような「なる文化」があると言われています。

　日本は、「〜した」という素早い実行を評価する「する文

化」ではなく、「〜ている」という状況や変化していく過程を重視し、その過程で自己発見や自己啓発をしていくことに価値を置いている「なる文化」であると言われているのです。このような価値志向を持つ言語文化なので、様々な意味を持つ「〜ている」を駆使して表現することが多いのでしょう。

　小説の原本と翻訳本、比べて読むのも、文化の違いが感じられて面白いですね。

32

口をあけるの？　口があくの？

《 他動詞と自動詞 》

　先日、治療していただいた歯の被せ物が取れてしまい、数年ぶりに歯医者さんに行きました。

　久しぶりの歯医者さんで緊張していましたが、治療中に先生からかけられた言葉の中に、とても違和感を覚えた表現がありました。それは、「はい、口をあいてください」という表現です。歯科治療ですから、当然、何度も何度もこの表現を聞き、そのたびに口をあけていたわけですが、何とも落ち着かない表現でした。皆さんは、この表現を聞いて、違和感はありませんか。

　違和感を覚えた原因は、「あいて」という言葉です。「あいて」は「あく」のテ形です。日本語教育では、「あいて」「歩いて」「持って」など、動詞の活用で最後を「〜て」の形にするものを「テ形」と呼んでいます。テ形は、「読んでください」「歩いています」「送ってもらいます」など、様々な表現をするときに使われる活用形であるため、重要な形の一つです。

　この「あく」のテ形である「あいて」に「ください」を続けているわけですが、皆さんはこのような使い方をしますか。例えば、部屋の空気を入れ替えたいとき、窓の近くにいる友人に

「窓をあけてください」と言うことはあるでしょう。けれども、「窓をあいてください」とは言わないと思います。

　また、窓をあけていたら寒くなったので窓を閉めたいとき、「窓を閉めてください」とお願いすることはあるかもしれませんが、「窓を閉まってください」とは言わないと思います。どうして「窓をあいてください」や「窓を閉まってください」とは言わないのでしょうか。

　この2つの表現で使われた動詞を比べてみてください。「あけて」は「あける」のテ形で、「あいて」は「あく」のテ形です。また、「閉めて」は「閉める」のテ形で、「閉まって」は「閉まる」のテ形です。これらの「あける」と「あく」、「閉める」と「閉まる」の違いは、他動詞と自動詞の違いです。

　では、他動詞と自動詞では何が違うのでしょうか。「あける」も「あく」も、どちらも窓がひらかれるという現象は同じですが、そのひらかれ方は違います。「窓をあける」と言ときは、誰かが空気の入れ替えをしようと考えて窓の近くに行き、手で窓をひらくという行為をします。それに対して、「あく」を使うのはどのような場合でしょうか。

　例えば、エレベーターの前に立っていたら、エレベーターのドアが「あいた」というような場合や、部屋の中で友だちと話していたら、強い風が吹いてドアがバタンと「あいた」というような場合に使います。つまり、人がドアや窓をあけるという行為は何もしませんが、自動的に、または自然の力でドアや窓がひらいた場合です。このような場合には、自動詞を使うのです。

この他動詞と自動詞の違いを知った上で、もう一度「口をあいてください」という表現を見ると、変だと思った理由がわかります。私が歯を治療してもらいたいと思い、先生の前で自分の口を自分の意志であけます。決して自動的でもなく、自然の力でもあけていません。ですから、「あいてください」と言われると、一瞬、「私が口をあけるの？　自動的にあくわけないし…」と混乱したのです。

　この表現は、以前も他の歯医者さんにかかったときに聞いたことがありました。皆さんも歯医者さんにかかったことがあると思いますが、そのときに、先生は何とおっしゃっていたでしょうか。一体どういう理由があって、このような非文法的な表現が使われるようになったのでしょうか。自分なりに理由を考えていたとき、思いついたことがありました。

　それは、同じような他動詞的、自動詞的な違いがある表現についてです。皆さんは、お友だちやお知り合いから、結婚の報告を受けたことがあるでしょうか。そのときによく使われる表現の一つで、「このたび、結婚することになりました」という表現があります。この表現を聞いて何か違和感はないでしょうか。

　実は、「結婚することになりました」という表現の「〜ことになりました」が、とても日本的な表現だと言われているのです。

　「〜することになりました」と似ている表現に「〜することにしました」があります。これらの表現の違いにお気づきでしょうか。例えば、「留学することになりました」と「留学す

160

ることにしました」は何が違うでしょうか。会社員のAさんから「留学することになりました」と言われると、留学の報告をしてくれているのですが、Aさんの働いている会社には海外留学制度があり、留学生として選ばれたのかな、などと想像します。

それに対して、会社員のBさんから「留学することにしました」と言われると、長年留学することを望んでいたBさんが、ついに留学することを決め、ひょっとしたら、会社を辞めて留学するのかな、などと考えます。

この2つの表現は、明らかに話者の意志の働き方が異なり、自分の意志で決めて行うのだという他動詞的な「〜することにしました」と、他の勧めや計らいがあって流れに従い、それをするという自動詞的な「〜することになりました」の違いがあるのです。他動詞と自動詞の働きと似ていますね。

ですから、結婚の報告の表現についても、人生で最も重要な決断の一つと言える結婚なのに、自分の意思を明確に表す場合の「結婚することにしました」ではなく、まるで他人が決めたような言い方の「結婚することになりました」と言われると、何だか不思議な感じを覚えます。

この表現は、結婚は結婚する当人だけの事情ではなく家族などにも関係することであるという日本の伝統的な考え方が背景にあり、自分の意思を柔らかく伝えるための控えめな表現だと言われています。重要なことだからこそ、関係するすべての人々に受け入れてもらいやすいように、自分の意思を直接的に言うのではなく、周囲の人々の了解なども含めて結婚に至った

と思わせるような遠回しな表現を使っているのかもしれません。

　そう考えると、冒頭でご紹介した「口をあいてください」という表現も、治療のために自分が指示して患者さんの口をあけさせるという強いメッセージを避け、誰が誰の意志で口をあけるのかわからないような表現にして、相手に口をあけてほしいということを優しく遠回しに伝えているのかもしれません。

　日本語コミュニケーションでは、他動詞と自動詞のもつ特性によって、表現のニュアンスをうまく使い分けしていると言えるでしょう。

33

「見れる」「やらさせてもらう」は間違い？

　この文章を読んでいらっしゃる方は、ほとんどが日本語が母語の方だと思います。日本語母語話者の皆さんは、いつも次のどちらの言い方をしていますか。

　「試験も終わって、今日はゆっくり寝れるね」
　「試験も終わって、今日はゆっくり寝られるね」

　違いは、「寝れる」と「寝られる」の違いですが、どちらをいつも使っているでしょうか。では、次の例はいかがでしょうか。

　「あした、やらさせてもらいます」
　「あした、やらせてもらいます」

　「やらさせて」と「やらせて」のどちらを使っていますか。
　どちらも日本語の問題では、よく例に挙がるものです。1つ目の例は、いわゆる「ら抜き」と呼ばれるものです。「書く」のような国語文法での五段活用の動詞（日本語教育では動詞

Ⅰ）の場合、可能形は「書ける」となり、「〜eru」の形で活用します。それと同様のやり方で、「寝る」「見る」のような下一段・上一段動詞（日本語教育では動詞Ⅱ）の可能形も「〜eru」や「〜iru」の形にしているというものです。

　ですから、「見る」は「見れる」、「蹴る」は「蹴れる」という可能形を使っている人がいます。正しい文法では、可能形は「寝られる」「見られる」と「〜られる」となります。

　2つ目の例は、使役形ですが、「やる」の正しい活用は「やらせる」です。しかし、最近、「終わらさせてもらいます」「書かさせていただきます」などの言い方をよく耳にします。こちらは逆のパターンで、下一段・上一段動詞の使役形が、「見させる」「食べさせる」「寝させる」など「〜させる」になるので、それを五段活用の動詞にも使って、「書かさせる」「やらさせる」などと使っているものです。

　これらは、「やらせる」「終わらせる」「書かせる」が正しい使役形の形で、「やらさせる」「終わらさせる」「書かさせる」は、いわゆる「さ入れ」と呼ばれる誤用です。

　この文章を読んでくださっている皆さんの中にも、きっとこのような「ら抜き」「さ入れ」の言い方をしている人がいると思います。テレビなどでも最近よく耳にしますので、かなり使っている人が増えているというのが実感です。

　これらの「ら抜き」「さ入れ」などの使用について、皆さんはどうお考えでしょうか。

　実は、先日、留学生が「ら抜き」「さ入れ」の使用についてこんなことを言っていました。

　「先生、日本語は日本人の母語なのに、どうして日本語を間違えるんですか。私の日本人の友だちは、結構、日本語を間違います。間違ってるから、変だなと思って『それって、正しい日本語？』って聞きましたけど、友だちは『みんな使ってるよ』って言いました」。

　留学生は、日本語を外国語や第二言語として勉強していますので、正しいか正しくないかについては敏感です。文法については、やはり基礎段階でしっかり学んでいますので、動詞の活用などは、きちんと、しかも真剣に学んだのでしょう。それなのに、日本語母語話者の日本人が文法的に正しくない活用形を日常的に使用しているのは、信じられないと感じても不思議ではありません。

　さらに、留学生を驚かせたことは、友だちの「みんな使ってるよ」という返事だったようです。間違いなのに、「みんなが使っている」という理由で、何の抵抗もなく平気で使っているということが理解できなかったようです。

　日本語を学び始めた初期段階に、苦労して覚えた動詞の種類の違いやその活用形が、間違っていても問題ないと言われるのは、ちょっと納得できなかったのだと思います。

　このような状況を、「言葉の乱れ」とか「言葉のゆれ」と言っています。文化庁では、毎年「国語に関する世論調査」を行っていますが、2020年の調査で、6割以上の人が「今の言葉は乱れている」と答えています。

　「乱れている」と回答している人が多いということは、国語のあるべき姿というのを個々人が持っていて、それから逸脱し

た言い方が存在していると多くの人が認識しているのでしょう。逆を言えば、言葉に対する関心が高いからこそ、「乱れている」という価値判断を伴った捉え方ができるのだと思います。

　文化庁も、この点については認めた上で、「言葉の乱れ」と「言葉のゆれ」については、別のものとしています。「言葉のゆれ」とは、「ある語が変化する過程で、その語形等について、本来の形に対して拮抗する形が別に生じ、両者が併存する状態になったとき」に使う用語としています。また、ある語に新しい意味や用法が生じて、本来の意味や用法と併存している状態のときにも「言葉のゆれ」と呼ぶとしています。

　つまり、文化庁は、「言葉の乱れ」と「言葉のゆれ」は、その人がその言葉をどのように捉えているかによって決まってくるとしており、「ゆれ」は客観的な状況の認識で、「乱れ」は価値判断を伴った認識だとしています。

　留学生の友だちである日本人学生は、本来の正しい「見られる」「寝られる」もあるけれど、「見れる」「寝れる」も若者の間では使われているし、通用しているという状況を認めているのだと思います。

　良い悪いはあまり考えず、あくまでも、その状況を容認しているという意味では、「ら抜き」「さ入れ」は「言葉のゆれ」と捉えています。けれども、留学生は、文法的に正しいか正しくないかは重要な問題で、本来の「見られる」「寝られる」「やらせる」が正しくて、「ら抜き」「さ入れ」は正しくない形であると否定的に考えているので、「言葉の乱れ」と捉える

ことになります。

　文化庁は、「ゆれ」の多くは言語変化の過程における一時期の状態であり、時間とともに淘汰されて解消することも多いとしていますが、このような状況に対して敏感になり、あくまでも「言葉の乱れ」であると感じ、それを認めている日本人に対して一種の不信感を持っている人が存在することも事実です。

　今や、日本語は日本人だけのものではないと考えています。日本に在住する外国人や外国で日本語を使用している外国人も含めたすべての人のものではないかと思っています。そう考えると、日本人にとっては「見れる」も「見られる」も大した違いはないし、日常生活で不都合はないと感じるかもしれませんが、非母語話者の日本語使用者にとっては、「ら抜き」や「さ入れ」は大きな違いに見えているようです。

　「習ったものと違うじゃないか」「私の日本語が間違っているのだろうか」と日常的に疑問を持ちつつ、コミュニケーションをしている人もいるのです。こうした立場の人の気持ちも尊重し、多様性を認めながら、日本語の将来の姿について考えていくことが日本語話者には必要になるのではないでしょうか。

34 ──────────────────────────

「父が喜んでいらっしゃいます」は
なぜ変ですか？

　これまで、世界の言語から見た日本語コミュニケーションの面白いところ、難しいところなどをお話ししてきました。それでは、皆さんが「日本語の特徴は？」と聞かれて、いちばんに思いつくことは何でしょうか。

　大学でも、1年生のはじめの授業でこの問いを学生にすることがあります。そのとき、必ずと言っていいほど学生があげるのが敬語です。そして、学生たちは口をそろえて、「敬語を使うのは難しい」「あまり使う機会がない」などと言います。

　学生の中には、「バイト先で敬語をよく使うから、先生、おれ、敬語、バッチリっすよ」と言って、みんなを笑わせてくれた学生もいましたが、ほとんどがもっと上手に敬語を使えるようになりたいと思っているようです。

　では、なぜ難しいと思っている敬語を、みんなは使いこなしたいと思っているのでしょうか。それは、話をしている相手に敬意を表したり、感じのいい話し方をしたり、丁寧な対応だと思ってもらったりしたいからでしょう。このような、相手に対して配慮をするために使用することばを「待遇表現」と言います。敬語は、待遇表現の一部なのです。

　敬語は日本語特有のものと思っている方もいらっしゃるかもしれません。確かに、日本語の敬語のように、相手のことを敬う尊敬表現と自分のことを控えめに述べる謙譲表現が、文法的に整備されてシステムとして存在する言語はそれほど多くありません。

　例えば、日本語の場合、敬語は尊敬語と謙譲語と丁寧語に分かれていて、尊敬を表す「いらっしゃいます」「ご覧になります」などの尊敬動詞や、謙譲を表す「おります」「拝見します」「申します」「参ります」などの謙譲動詞があります。

　名詞でも、相手の家を指すときは「ご自宅」と言い、自分の家だと「拙宅」とへりくだるように、「家」を表す別々のことばが存在しています。

　「あなた」に当たることばを親しさの度合いによってドイツ語では"du"と"Sie"、フランス語では "tu" と"vous"、中国語では「你」と「您」で使い分けるというような特別な語彙を持っている言語もありますが、日本語のように尊敬や謙譲を表す特別の動詞や名詞を多く持っている言語はあまりありません。

　さらに、日本語では、このようなことばだけでなく、表現方法を変えることで相手に配慮を表すこともできます。友だちには「それ貸して！」と言いますが、年上の人には「それ、貸していただけませんか？」と言ったり、非常に気を遣う相手だったら「申し訳ないのですが、それを貸していただけると嬉しいのですが…」と丁寧な言い方をすると思います。これらのように、敬語だけの使い分けではなく、「〜ませんか」「〜と嬉しい」などの表現も変えることで、待遇表現の使い分けをしてい

ます。

　日本と比べて誰とでもフランクに話すと言われるアメリカであっても、待遇表現はあります。例えば、相手に「座ってほしい」と言うとき、"Sit down, please."という指示の表現よりは、"Will you sit down?"とか、"Won't you sit down?"とか、"Could you sit down?"のような疑問文や否定疑問文のほうが丁寧になります。さらに、"You'd be more comfortable sitting down."のような遠回しな言い方にすると、もっと丁寧になります。

　どのような言語でも待遇表現はあり、人々はことばを使い分けているのです。相手を敬ったり、丁寧に述べたりするための言い方は、どんな言語にでもあり、国や文化が違っても、人間同士の関係では相手に気遣うという気持ちは変わらないのです。

　しかし、ことばを使い分けるといっても、誰のことについて、誰に対してどのように使い分けるのかという基準は言語文化によって違います。その違いが、実は、難しいのです。

　例えば、韓国から来た学生が苦労するのは、家族についての待遇表現です。日本語コミュニケーションでは、身内の者について述べるときは「父が申しております」「父が明日参ります」と謙譲表現を使います。しかし、韓国語では、絶対敬語といって、相手がどんな人であっても両親のことを述べるときには尊敬語を使って表現するのです。

　ですから、韓国語と同じような使い方をして、「明日先生がこちらにいらっしゃるのを、父が大変喜んでいらっしゃいま

す」と言ったりします。日本人が聞くと、尊敬されているのか、尊敬されていないのかよくわからない気分になります。

　また、日本の待遇表現は、親しさの度合いである親疎関係や上下関係によって使い分けているだけでなく、「ウチ・ソト」の関係でも使い分けをします。社内では、社長に対して「社長、明日は大阪出張にお出かけになりますか」「もうＡ社の記事をご覧になりましたか」と尊敬表現を使って話すのに、社外の人に話すときは、「社長の田中が、ぜひ話を伺いたいと申しております」「明日、社長の木村と参ります」と、名前は呼び捨てになり、謙譲表現を使って話すようになります。

　この使い分けは、日本人にとっても難しい使い分けであり、就職活動をするころになって初めて勉強する学生がいるほどです。外国人にとっては、なおさら難しい使い分けの概念であり、日本特有の使い分けと言えます。

　会社に所属したら、社員はまるで家族のような関係になるという考え方があるのかもしれません。家族以外の人に対して家族のことを話すとき、謙譲表現を使うのと同じように、社外の人に対して話すときは、会社のウチの人のことについては謙譲表現を使うのです。同じ仲間なのか、そうではないグループの人なのかということが、日本社会では重要な区別だとわかります。

　まず敬語を知り、相手に合わせた表現方法を使って、上下関係と「ウチ・ソト」の関係をしっかりと理解した上で待遇表現を適切に使い分けできるようになると、日本人も外国人も一人前の社会人と見なしてもらえるのではないでしょうか。

35

「こちら海の幸のグラタンになります」はどこが間違い？

《 敬語の誤用 》

　先日、あるレストランへ車で食事に行きました。駐車場がなかなか見つからず、お店の人に聞いたら、「店の裏に当店の駐車場がありますので、そちらにご駐車されてください」と案内係の男性が教えてくれました。

　とても感じのよい対応だったのですが、私はどうも落ち着かずもやもやとした気持ちになりました。

　そして、食事を注文し、おいしそうな料理が運ばれてきました。「こちら海の幸のグラタンになります」と、ウエイターの方がにこやかにお皿を私の前に置きました。「ああ、そうなりますか」と、ちょっと言い返したい気分になりました。

　食事も終わり、レジでお会計をしました。「クレジットカードもご利用できます。どうぞ利用してください」とレジの女性は笑顔で対応してくれました。

　料理もおいしく、感じのいいお店でしたが、少し残念な気持ちで店を後にしました。

　皆さんは、私がどうして残念な気持ちになったのか、お気づきになりましたか。その理由は敬語の使い方にあります。

　前項でも書きましたが、コミュニケーションにおいて、相手

に気遣いを示したり、敬意を表したりして人間関係に配慮するのは、万国共通で特に珍しいことではなく、このような人間関係に配慮した表現を「待遇表現」と言います。

けれども、「お客様が来ます」を「お客様がいらっしゃいます」と言ったり、「私が来ます」を「私が参ります」と言ったりするような、尊敬動詞や謙譲動詞などの敬語を持っている言語はそれほど多くありません。

さて、レストランの話に戻りましょう。店員さんはおもてなしの気持ちで心を込めて接客をしてくださっていましたが、敬語の使い方を間違えたばかりに、私はその誠意をきちんと受け取ることができませんでした。

まず、駐車するのは客の私ですから尊敬表現を使用するべきところですが、謙譲表現の「ご・お〜する」の形を使い、「する」の部分を「される」に変えて使っている点が間違っていました。

尊敬表現の「ご〜ください」の形で「ご駐車ください」と言うか、「ご・お〜になる」の形で言います。「ご駐車になってください」とは言いにくいので、「お止めになってください」と言うほうが使いやすいでしょう。

次に、「〜になります」の表現は、マニュアル敬語として批判されている表現ですが、待遇表現ではなく、全くの誤った使い方です。「海の幸のグラタンです」や「海の幸のグラタンでございます」と丁寧語を使うべきでしょう。

さらに、「ご利用できます」は、「ご・お〜する」を可能形にした謙譲表現で、お客様には使えません。お客様に対して

は、尊敬表現の「ご・お〜になる」の形、つまり、「ご利用になります」の可能形である「ご利用になれます」と言うのが正しい言い方です。

「ご利用してください」は、「駐車する」と同様に「ご利用ください」、または「ご利用になってください」と言うのが正しい使い方になります。

敬語などの待遇表現を使うのは難しいと思われるかもしれませんが、その規則を学んでおけば、日本的な細やかなおもてなしの心を表せる便利な表現です。

せっかくの心遣いを相手にきちんと伝えて、気持ちのいいコミュニケーションをとりたいですね。

36

「ここに立たれると、ドアが開きません」の２つ意味

　私の勤務校は千葉県の新浦安という場所にあります。新浦安は、東京ディズニーランドがある舞浜の隣です。いつもは新浦安駅から大学まで運動をかねて10分ほど歩いているのですが、荷物が重いときなどは、バスに乗ります。

　先日もバスに乗っていたのですが、ふと降り口のドアを見たら、こんなことが書いてありました。

　「黄色の部分に立たれますと、ドアが開かないことがあります」

　皆さんは、このような注意書きを見たことがありますか。私はこの注意書きを読んで、その意味についてちょっと戸惑いました。「立たれますと」というのは、どういう意味だろうと考えたのです。「ここに立たれたら、迷惑です」という厳しい警告にも読めるし、「ここにお立ちになるのはやめてくださいね」という丁寧なお願いにも読めるからです。

　「立たれる」というのは、「立つ」の受身形です。動詞の受身形は、いくつかの意味で使われますが、よく使われるのは、「足を踏まれる」「背中を押される」「親に怒られる」など、人から行為を受ける場合に使う形です。

そして、例に挙げた表現からもわかるように、受け身で表現するのは、ほとんどが迷惑だと感じたり、いやな経験だと感じたりしたときです。実は、受け身で肯定的な表現は非常に少なくて「先生にほめられた」という表現くらいでしょうか。

　そのため、受け身で言われたり書かれたりすると、すぐ否定的に解釈してしまいます。

　ただ、動詞の受身形は他の用法もあり、敬語の尊敬表現として使うこともできます。「社長が出張から戻られました」「先輩は多くのことを教えられました」「学長は卒業式で社会へと羽ばたく学生たちに珠玉の言葉を話されました」のように尊敬表現として使うこともできます。

　嫌悪感を伴う受け身と尊敬を表す敬語では大きな違いがありますね。一瞬聞いたり、見たりしただけでは、そのどちらなのかがわからないことがあるので厄介なのです。結局、文脈から判断するしかなくなります。

　文脈から判断するという作業は、日本語が母語である日本人にとってはよくあることかもしれませんが、日本語を学んでいる外国人にとっては、かなり難しい作業になります。

　受け身であると理解するだけでも普通の動詞を理解するよりハードルが上がっているのに、さらに意味を理解するには文脈を考慮しなければならないからです。

　先ほどのバスの話に戻りますが、バスは公共交通で様々な年代の人、様々な国籍の人が利用します。東京ディズニーランドが近いこともあり、新浦安は多くの外国人が働いたり、住んだりしている地域です。このような場所で、少しわかりにくい日

本語を使用するのはどうなのだろうかと考えました。

この「立たれますと」という表現は、もちろん迷惑だと言うつもりで使ってはいないでしょう。お客様に丁寧にお願いするつもりで尊敬語を使用したのだと思います。そうであれば、もっと明らかに尊敬語だとわかる表現である「お立ちになると」を使ったほうがよいのではないでしょうか。

敬語で尊敬を表す場合は、大きく3つの方法があります。

1つは、「いる」なら「いらっしゃる」、「食べる」なら「召し上がる」、「する」なら「なさる」のように、全く異なる動詞である尊敬動詞を使用する方法です。

もう1つは、「読む」なら「お読みになる」、「座る」なら「お座りになる」という「お〜になる」の形で表現する方法です。この2つの方法は、ほかの表現とは全く異なるので、尊敬以外の意味と取り違えることは少ないでしょう。

そして、3つめが、「話す」なら「話される」、「言う」なら「言われる」のように受身形を使う方法です。使う立場からすると、もしかしたら、3つめの受身形がいちばん簡単かもしれません。

尊敬動詞のようにわざわざ新たな動詞を覚える必要はありませんし、「お〜になる」という言い方も慣れていないと使いにくいかもしれません。しかし、聞く立場、読む立場、理解する立場からすると、尊敬という気持ちを表しているのだと明確にわかり、ほかの意味と取り違えにくいのは、最初の2つの表現です。

たぶんバス会社の人、というより日本人の多くは、受身形を

使った尊敬表現がわかりにくい表現だと思わずに使っているのではないでしょうか。母語話者だからこそ、日本語のどの表現が難しく、どの表現がやさしいかがわからないし、気にも留めていないのだと思います。

　今、日本で暮らしている外国人は人口の約2.4％（296万人）です。2.4％というと、それほど多くないと感じるかもしれませんが、街で見かける標識や表示、お知らせがすぐわかるかどうかは、生活者にとって暮らしやすさにかかわる重大な問題です。

　敬語の使い方は些細なことと思われるかもしれませんが、いろいろな立場の人が気持ちよく暮らせる社会を作っていくには、みんなが考えなければならない問題ではないでしょうか。

37

一体どのチームを応援しているの？

《 多義文・二格の機能 》

　私は大学で生け花サークルの顧問をしていますが、サークルに所属している学生が、先日打ち上げの案内を次のように言ってきました。「先生、ご連絡が遅くなったんですが、打ち上げは木曜日に変更になりました」

　この説明を聞いて、皆さんはいつ打ち上げが行われるかわかりますか。ほとんどの人は「木曜日に打ち上げが行われる」と理解すると思います。

　しかし、私はちょっと戸惑ってしまいました。というのも、この話を聞いたのが金曜日だったのですが、サークルの話し合いがその週の木曜日に行われていたことを知っていました。そこで、私は「木曜日の話し合いの場で日程を変更したのかな」とも思ったのです。

　つまり、「打ち上げは木曜日に変更になりました」の文は、「変更することを決めたのは木曜日だ」という意味と、「打ち上げの日が他の曜日から木曜日に変わった」という意味の2つの解釈が成り立つ文になっていたのです。

　このように複数の意味を持つ文を「多義文」と呼んでいますが、この文の場合、助詞「に」の働きがいろいろあるため、時

を表す「に」だと判断すると「変更が木曜日に決定された」という意味になり、「〜から〜に」という変更先を表す「に」だと判断すると「（他の曜日から）木曜日に変更」という意味になってしまうのです。

　助詞「に」には、ほかにもいろいろな働きがあり、多義文を生みやすい助詞の一つでもあります。

　例えば、次の文も2つの意味を持っていますが、どのような意味かおわかりでしょうか。

　「今度のサッカーの試合では、絶対、明海大学に勝ってほしい」

　1つ目の意味は「明海大学が相手に勝つ」ことを希望しているという意味です。そして、もう1つは「他大学が明海大学を倒す」ことを希望しているという解釈も成り立ちます。皆さんは2つの意味に気が付いたでしょうか。

　この文の場合、1つ目の意味では、助詞「に」が「勝ってほしい」にかかっており、「に」は願望をかなえる人、チームを表しています。2つ目の意味では、助詞「に」が「勝つ」にかかっており、試合で負かしたい対戦相手を表しています。

　どちらの意味に解釈するかによって、明海大学のサポーターなのか、明海大学のライバルなのか、大きな違いを生んでしまう文です。

　このように日本語で多義文が生まれてしまうのは、日本語が持っているいくつかの特徴が原因となります。

　一つには、語順の自由さが挙げられます。英語のように、語順によって意味が確定し、例えば、動作をする人とその目的語

がわかるような言語とは異なり、日本語では助詞を使って物事の関係を表します。そのため、「私があなたを打ち負かした」でも、「あなたを私は打ち負かした」でも、「打ち負かしたよ、あなたを。私がね」でも同じ意味になるのです。

　その上、日本語では例に挙げた「に」のように同じ助詞が異なる物事の関係も表します。助詞を名詞の後に置くことで、主語や目的語を表したり、何かを行う際の時や対象者や方向性、到達点などを示したりもします。そのため、多義文が生まれやすいのです。

　では、このような場合、どうしたら誤解を避けることができるでしょうか。まず、「打ち上げは、木曜日に変更になりました」の場合は、曜日ではなく日にちで伝え、変更前の日にちと一緒に「〜から〜に」で詳しく話すといいでしょう。

　また、変更することに決定した日も同時に伝えなければならないときは、文の表現を変えて正確さを出したり、助詞「に」を使わないで時を表せる「今日」「昨日」「明日」などを使ったりすると誤解が避けられます。

　例えば、「打ち上げは8月7日から8月8日に変更になりました」とか、「打ち上げは8月7日から8月8日に変更することが、昨日決まりました」などの文で伝えると正確に伝わります。

　また、「今度のサッカーの試合では、絶対、明海大学に勝ってほしい」の場合なら、対戦相手や勝つ大学を明確に示すことで誤解を避けられます。例えば、「今度の明海大学とA大学のサッカーの試合では、明海大学に絶対勝ってほしい」とか、

「今度のサッカーの試合では、絶対、明海大学がA大学に勝ってほしい」と言えば誤解は生じません。

　日本語コミュニケーションは曖昧だとか、日本人はいつも表現が曖昧だとか言われることがありますが、それは、語順についての柔軟性や助詞の多様性などの日本語の特性が一つの理由かもしれません。

　日本語の使い手、話し手が、より明確に話すよう心掛け、省略をしすぎないように注意することで、曖昧さがなくなり、明確さが向上するのではないでしょうか。

　わかりやすい日本語を話すために、皆さんも自分の話し方について振り返ってみてはいかがでしょうか。

Part
4

言葉の
バリエーションの
「壁」

普段、日本語を話していて、日本語にもバリエーションがあるとはあまり意識していないと思います。しかし、日本語と言っても、地域ごとに方言があります。また、年齢層によって異なる話し方をしますし、職業や専門によっても特有の言葉を使うこともあります。日本語の母語話者にとっては、さほど気にならない言葉のバリエーションですが、外国人にとっては、学んだ日本語とは異なる日本語を聞いたり、見たりすると、それらはすべて新しい日本語となり、全くわからなくなってしまいます。無意識に何気なく使っている言葉が日本語のバリエーションの一つということもあるのではないでしょうか。この Part では、どんなバリエーションがあるのかをご紹介していきたいと思います。

38

「わしが、このロボットを
作ったんじゃよ」

　日本語で書かれた漫画を外国人が読むときに困るものの一つに「役割語」があります。役割語という言葉を聞いたことがあるでしょうか。

　例えば、漫画である人物が「わしは、その秘密を知っておるんじゃ」とか、「きっとすぐにわかるじゃろう」と話していたとします。皆さんは、この人物はどんな人だと思いますか。多分、ほとんどの人がかなり年配の男性だと思うでしょう。若い女性を想像する人は、まずいないと思います。このように、人物の年齢や性別、ひいては、容姿や風貌、職業、時代、性格までも想像できるような言葉遣いが役割語です。

　役割語は、漫画の中では重要な役目を果たします。漫画の視覚的な情報に加えて、それぞれの人物像に合わせた言葉遣いをすることで、より一層人物のキャラクターが鮮明になります。

　例えば、サングラスをかけた細身の若い男性がいたとします。その男性が、「君は、そんなこともわからないのかね」と言ったら、その男性はどんな人物と想像しますか。そして、同じ風貌の男性が、「おまえ、そんなこともわからねーのか」と言ったら、その男性はどんな人物に思えるでしょうか。

　視覚的には同じ風貌の男性でも、話し方ひとつで、ちょっと上から目線の気取った感じの男性に思えたり、少し乱暴な感じがする男性に思えたりしませんか。

　また、きれいな洋服を着た若い女性がいたとします。その女性が、「わたし、これあの人にあげるよ」と言えば、それほど特徴のない普通の気さくな女性に思えます。けれども、その女性が、「わたくし、これをあの方に差し上げますわ」と言えば、どうでしょうか。急に、その女性が、セレブなお嬢様に思えてきませんか。言葉遣いを変えるだけで、その人に対する印象が変わるのではないでしょうか。

　役割語は、ここに挙げた例のように、主に文末表現で示されることが多いのですが、そのほかにも、人称詞の使い分けにも表れます。特に、自称詞でキャラクターの違いを表すことが多いです。上記の例のように、女性が自分のことを「わたし」と言った場合と比べて、「わたくし」と言った場合では、セレブ感がぐっと上がる感じがします。

　また、男性の場合、「わたし」「わたくし」「わし」「おれ」「ぼく」などの言い方がありますが、自分のことをこのように呼んでいる人を想像してみてください。それぞれ年齢や性格、職業などが違っているように感じませんか。

　このように、役割語というのは、キャラクターを特徴づけるためにとても便利なものであり、日本の漫画ではなくてはならないものの一つと言えます。

　ただ、この言葉遣いをちょっと見てほしいのですが、お年寄りを連想させる「〜じゃよ」「〜じゃ」という表現や、セレブ

なお嬢様やマダムを連想させる「〜しますわ」「〜ますわよ」という表現を実際に使っている人に会ったことがあるでしょうか。現実の世界でこのような言葉遣いをしている人は、ほとんどいないのではないでしょうか。

　つまり、役割語というのは、実際に使われている言葉遣いではないものも含まれています。役割語は、私たちの印象の中での言葉遣いであり、日本人がそれぞれの言葉遣いに対して同じ印象をもっているからこそ、それぞれの人物像を特徴づけることができるのです。

　言い換えると、日本人がもっている言葉遣いに対する印象と同じ印象をもっていない場合、このような言葉遣いは非常に奇異なものに見えてしまいます。ですから、日本在住の外国人などは自分の身の回りで使っている人がほとんどいない言葉遣いなのに、漫画の中では多用されていて、戸惑ってしまうのです。

　日本語を学んでいる人にとっても、教科書に出てくるような言葉遣いではない上に、役割語について学ぶという機会もありません。多くの留学生が、役割語に興味をもつ一方、わかりにくいと頭を抱えるのは、このような事情があるからです。

　一方、海外で漫画を通して日本語を学んだ人にとってみれば、お年寄りはこのように話すものだと思い込んでいたのに、日本に来てみたら、誰も使っていなかったことに驚くということもあります。20歳前後の女性が、上品な話し方なのだと思って、「わたくしは、日本語を学んでおりますわ」などと練習したのに、実際に使ってみたら、日本人に奇異な目で見られ

てしまいかねません。

　さらに、漫画を通して日本語を学んだ場合、役割語の存在に気が付かないことも多く、自分の好きなキャラクターの真似をして日本語を覚えたら、言葉遣いのために自分が思わぬ人物像になってしまうということもあります。

　例えば、大好きな『名探偵コナン』の漫画を読んで日本語を覚えた場合、主人公の工藤新一を真似ると、「てめーに言われたかねーよ」とか、「そんなことできねーよ」など、少し乱暴な男性の言葉遣いになってしまいます。

　一方、同じ『コナン』の漫画でも、江戸川コナンを真似て覚えると、「だって、あわててここに来たんだもん」のように、子どもっぽい言葉遣いになってしまいます。

　漫画は、日本や日本語を知ってもらうために大変な貢献をしていますが、このような日本人がもっている言葉遣いへの感覚についても、知らない間に伝えているのです。

　また、このような役割語を多用している漫画を、現地の言語に翻訳して出版するとき、どのように翻訳するかが難しい問題になります。そもそも、翻訳する言語に多様な役割語がないという場合も多いからです。

　「バブバブ」のような赤ちゃん語や「おいちいでちゅか」のような赤ちゃんに話しかけるときの言葉である「ベビートーク」は、比較的どの国の言葉にもありますが、日本語ほど多様な役割語が存在する言語は珍しいようです。ですから、他の言語に訳される場合には、一般的な表現で翻訳されている場合が多いです。言葉遣いでそのキャラクターを特徴づけるというこ

とが、翻訳語版ではなかなかできないことになります。

　多用されている役割語を全部なくして、一般的な言葉遣いにして書かれた漫画を想像してみてください。日本人にとっては、少し物足りなさがあるのではないでしょうか。役割語は、言葉遣いのもつ力を再確認させてくれます。

39

「らっしゃいませ！」

《 バイト語 》

　大学に通っている留学生のほとんどは、日本人学生同様アルバイトをしています。ただ、留学生の場合、自分のお小遣いというよりは、学費と生活費のために一生懸命働いている人が多いのが現実です。

　そのアルバイト先で使われていて問題になっているのが、いわゆる「バイト語」です。

　レストランで、「ご注文はケーキとコーヒーでよろしかったでしょうか」と注文の確認をしたり、「こちらスペシャルランチになっております」と言って、テーブルに料理を置いたり、レジで「1000円からいただきます」と受け取った金額を伝えたりするという言い方です。

　どれも間違った言い方で、注文確認なら「〜でよろしいでしょうか」、料理を出すときは「〜でございます」、お金を受け取ったら「〜円お預かりします」と言うのが正しい言い方です。

　アルバイト先では、みんなが誤った言い方をしているので、その言い方を身につけてしまうようです。そういう言い方を聞くと、私はついつい注意したくなりますが、ぐっと抑えて心の

中で「違うでしょ！」と叫んでいます。

　アルバイト先の言い方が身についてしまって困るというのは、実は、留学生にもあることなのです。誤った表現をアルバイト先で使うだけでなく、留学生であるために身につけて普段使ってしまう場合もあるのです。

　あるとき、1年生の外国人学生が質問に来て、研究室を出るときに「お先に失礼します」と言って出て行きました。「えっ、お先に？」と思わず言ってしまいました。その学生は来日して日も浅く、アルバイトをしながら学生生活を送っていました。

　彼女が居酒屋でアルバイトを始めたのを思い出して、「お先に」の意味がわかりました。留学生にとって、アルバイト先は日本語を覚えるのにいい場所でもあるのですが、そこで覚えた帰り際の挨拶が「お先に失礼します」だったのです。「お先に失礼します」は職場である店や事務所を出るときに使う挨拶です。相手がそこに残っていて、自分が先に部屋を出る点は同じですが、「お先に」は一緒に働いている人々に対して使い、大学の研究室では相手が先生なので使えません。

　その違いがわかりにくかったのかもしれません。後で聞いたら、その学生は、どこででも「お先に失礼します」と挨拶していたそうです。

　また、以前、日本の食べ物について初級クラスで取り上げたときに、おいしそうなカラー写真を見せながら「てんぷら、すし、さしみ…」など、料理の名前を紹介していました。すると、ひとりの学生が「さしみ」の写真を指さし、「その料理は

知っていますが、違う名前です。さしみではありません」と言い出しました。

どこからどう見ても、その写真は「さしみ」だったのですが、「では、何という名前ですか？」と問うと、「それは、サシモリです」と答えました。一瞬何のことだろうと思いましたが、その学生が居酒屋でアルバイトを始めたという話を思い出して、笑ってしまいました。

アルバイト先の居酒屋では、その料理は「刺身盛り合わせ」、つまり「さし盛り」と呼んでいたのです。

さらに、こんなこともありました。大学の別科といって大学・大学院進学前に日本語などの受験勉強をする学校で、面接試験の練習をしていました。ノックをして部屋に入るところから始め、実際に志望動機や大学でやりたいことなど、面接で聞かれそうなことをひと通り質問し、最後に「それでは、今日はこれで結構です」と伝えました。

すると、留学生がお辞儀をしながら、元気いっぱいの声で「ありがとざした〜」と言ったのです。

「えっ？」と思いました。「ありがとうございました」ではなく、「ありがとざした〜」と確かに聞こえました。一瞬で、教室から居酒屋に行った気分になりました。

その他にも、外部の方が大学にいらっしゃったときに、にっこり笑って「らっしゃいませ！　どちらにご用ですか？」と親切に声をかけられて驚いたとか、荷物運びを頼んだ男子学生に「喜んで！」と威勢よく返事されたとか、様々な「バイト語」を大学生活の中で耳にしたことがあります。

2022年6月の統計では、日本に留学している学生は全国に約26万人いますが、そのほとんどがアルバイトをしていると言っていいでしょう。アジアの中では、まだまだ物価の高い日本で学費を払いながら生活し、母国からの仕送りだけでやっていける学生はほんのひと握りです。

　皆さんのお近くのコンビニやスーパー、居酒屋、レストランなどで、外国人のアルバイトさんを見かけませんか。彼らにとってアルバイト先は生きた日本語を学ぶ場であり、働くための日本語も生活上の日本語も、覚える日本語はたくさんあります。

　アルバイト先の日本人と話して日本語会話が上達したという話も聞きますし、日本語でわからないことはアルバイト先で解決するという話も聞いたことがあります。

　ただ、アルバイト先は先ほど紹介した留学生のように接客業が多いため、そこで独特の表現を身につけることがあります。それが、アルバイト先だけで通用する表現で、他の場面で使用すると相手に違和感を与えるとは思わない人が多いのです。

　日本語は、その場その場で言い方を変えたり、あるときだけに使用する言い方があったりして、場面依存性が高い言語なのです。いつでもどこでも同じ意味なら同じ表現という言語を話す人にとってみれば、どうして使い分けるのかと不思議に思うかもしれません。

　ちょっと変な日本語を話す外国人に会っても、驚かないでください。もし親しい間柄なら、ぜひ、「こういうときは違う言い方をするよ」と、やさしく教えてあげましょう。

40

初めて会った人を
何と呼びますか？

《 呼称 》

みなさんは、家族や友だちから何と呼ばれていますか。名前でしょうか。名字でしょうか。それとも、ニックネームで呼ばれていますか。

きっと誰から呼ばれるかによって、同じ人物でも、いろいろな呼び方をされていると思います。

例えば、私の場合、職場や仕事仲間からは「荻原さん」「荻原先生」と呼ばれ、学生からは（表向きは）「荻原先生」「稚佳子先生」と呼ばれます。

家族や親戚、友人からは「稚佳子」「ちかちゃん」「ちこちゃん」「お姉さん」「東京のおばちゃん」などと相手によって様々に呼ばれます。レストランなどのお店では「荻原様」「お客様」と呼ばれることもあります。

これらの呼ばれ方は、一体何によって違っているのでしょうか。

もし初めて会った人から、「さん」も「くん」「ちゃん」もなく名前で呼ばれたら、みなさんはどう感じますか。

会って10分もたっていないのに、「ちかこの趣味は何ですか？」と聞かれたら、日本語コミュニケーションでは少々戸惑

います。

　また、後輩や明らかに年下だとわかる人から呼び捨てで呼ばれたらどうでしょうか。「なんて失礼な人なんだ」と腹を立てる人もいるでしょう。

　逆に、レストランなどで、「荻原様、いつもご来店いただきありがとうございます」などと、「様」をつけて呼ばれると、悪い気持ちはしませんよね。丁寧に言われてうれしい場面でしょう。

　でも、いつも名前で呼んでいる親しい友人から名字で「荻原さん」と急に改まった呼ばれ方をすると、何があったんだろうと、驚いてしまいます。からかっているのか、何か大変なことでも頼まれるのかなと、構えてしまいます。

　つまり、呼び方にその人との親しさや距離感、改まり度が表れているのです。

　日本語コミュニケーションでは、相手の呼び方、つまり「呼称」が多様で、しかも相手によって細かく使い分けるのですが、これは非常に特徴的だと言われています。

　呼び方、呼ばれ方を聞いていれば、その人の上下関係や親疎の度合いがわかるのです。互いに相談したわけではないのに、その関係性によって自然に呼び方、呼ばれ方が決まっていくのです。

　呼び方、呼ばれ方は、その国によって違っています。タイでは、年齢の上下によって「○○おにいさん」「××おねえさん」という呼び方をして、上下関係を重視します。

　アメリカでは、初めて会った人でも、すぐファーストネーム

で "Tom" と呼び捨てすることがあります。これは、名前で呼び合うことが、親しさだけでなく、丁寧さを表すからです。

　ですから、前にも触れましたが、大学でも、学生が教授をファーストネームで呼ぶということも珍しくありません。

　私もアメリカの大学院で経験しましたが、学生たちは著名な年上の先生に対してでも "Hi，John !" と呼んでいました。でも、私にはずっと違和感があり、大変尊敬している教授を最後まで名前では呼べず、いつも "Dr．Smith" とか、"Mr. Molinsky" と、敬称と名字で呼んでいました。

　アメリカではファーストネームで呼ぶのだと頭でわかっていても、相手に対する敬意を敬称と名字で長年表現してきた私にとって行動に移せなかったことの一つです。

　また、日本語コミュニケーションのもう一つの特徴として、肩書で相手を呼ぶということがあります。「先生」「社長」「部長」「駅長さん」「管理人さん」「看護師さん」「ケアさん」などと肩書や職業で相手を呼ぶのは、世界の中では珍しいのです。

　学校で先生のことを「○○先生」と呼んでいたと思いますが、先生はみなさんのことを何と呼んでいましたか。

　同じように「田中学生」と言ったでしょうか。同様に、「山田社長」と呼びかけることはあっても、「佐藤社員」「中山秘書」とは呼びませんね。

　「隆おにいちゃん」「知子おねえちゃん」とは呼びますが、「拓哉おとうと」「由美いもうと」とは言わないのです。これは一体どうしてでしょうか。

もうお気づきの方もいらっしゃるかもしれませんが、下の人から上の人に対しては肩書や職業で呼ぶことができますが、上の人は下の人に肩書や職業などで呼ぶことはないのです。

　というより、上の人は下の人を名前で呼べるけれども、下の人は上の人を名前だけで呼びにくく、敬意を表す意味で肩書や職業を呼称として使用していると考えたほうがいいでしょう。

　日本語文化では、敬意は相手を遠ざけることによって表すので、親近感を持つ呼び方は失礼にあたり、名前さえも口にするのは恐れ多いという感覚なのです。

　その上、日本では「あなた」という2人称がありながら、直接相手に向かって「あなた」と呼ぶのは失礼です。夫婦間で「あなた」と呼ぶことはあっても、敬意を表すために名前でなく、「あなたはどれになさいますか？」などと直接言われると、なんだか冷たい感じさえ受けます。

　どう呼べばいいかわからないときや相手の名前を失念してしまったとき、英語だったら"You"を使っていれば、何とか切り抜けられますが、日本語コミュニケーションの場合はそうはいかないのです。ですから、日本語を学び始めた人にとって、相手の呼び方は難しいものの一つです。

　名前を思い出せない人に対しては、とりあえず肩書や職業で呼んでおくといいかもしれませんね。

41

今日の雨は小雨？　霧雨？

　大学では、毎年4月に、学部生や大学院生や交流学生など、様々な立場の留学生が新しい環境の中で勉強を始め、そろそろ慣れてきたかなと思われる頃に歓迎会を行います。私の勤務校でも、例年5月の下旬に開かれます。

　参加した歓迎会で、最近、ちょっと変わったなと思うことがありました。それは、パーティー料理が残ったときの学生の対応です。

　ほとんどの場合は、乾杯のあと、たっぷり用意された料理があっという間になくなるのですが、珍しく残った場合は、レストランの計らいで、パックに詰めてみんな持って帰っていました。大学のレストランのお料理は近隣の人もよく食べに来るほどおいしいので、留学生は好みの料理を真っ先にパックに詰めて帰っていました。

　ところが、最近は、「持って帰ってもいいよ」とパックを準備してくれても、「もう十分いただきましたから、大丈夫です」と言って、誰も持って帰ろうとしないことが多いのです。

　そんな勿体ないと私は思ってしまうのですが、あまり執着もなく、淡々と「ごちそうさまでした」と帰って行きます。

満たされた世代というのでしょうか。どちらの国でも「苦学生」という言葉は「死語」になりつつあるのかなあと感じた瞬間でした。

　さて、月が変わると、6月です。6月に入ると、梅雨。雨の季節ですね。「今日は雨が降るのかな。傘を持って行こうか、どうしようか…」などと朝、出がけに悩む日が始まります。

　そんな雨を表す言葉が、日本語にはたくさんあります。あなたはいくつくらい思い浮かべられますか。

　名詞では、「梅雨（つゆ）」「小糠雨（こぬかあめ）」「小雨（こさめ）」「驟雨（しゅうう）」「俄雨（にわかあめ）」「霧雨（きりさめ）」「雷雨（らいう）」「五月雨（さみだれ）」「氷雨（ひさめ）」「長雨（ながあめ）」「豪雨（ごうう）」「時雨（しぐれ）」「春雨（はるさめ）」「緑雨（りょくう）」「秋雨（あきさめ）」「秋霖（しゅうりん）」「寒雨（かんう）」「凍雨（とうう）」などがあり、雨の降り方や量、季節によって、細かく呼び方が分けられています。

　また、降る様子を表す表現として、「ざーざー」「しとしと」「ぽつぽつ」「ぽつりぽつり」「しょぼしょぼ」などの擬音語（オノマトペ）も雨の勢いや量、雨音の大小などによって、それにぴったりの言葉がちゃんと日本語には準備されているのです。

　すべての言語にこんなに多くの雨に関する言葉があるわけではありません。日本のように雨がよく降る地域の言語には、雨に関する言葉が多くありますが、雨の少ない地域の言語には、それほど多くないと言われています。ですから、外国人にとっては、こんなに多くの雨を表す語彙があると、一体その違いが何なのか理解が難しいです。

　また、こうした自然に関する言葉だけでなく、動物や物を表

す言葉も文化・地域によって語彙数に違いがあります。

　例えば、砂漠地域の言語には、ラクダに関する言葉が多くあります。総称として、ラクダはアラビア語で「ジャマル」と言いますが、それは8歳以上のオスを指す言葉だそうです。6か月までなら「ハワール」、1歳までなら「マフルード」と言い、ラクダの年齢や性別、その他の特徴などによって呼び方が細かく分かれているそうです。

　ラクダと言われても、私は鳥取砂丘で見たラクダくらいしか思いつきません。以前、サウジアラビアの学生がそれぞれのラクダの絵を描いて説明してくれましたが、私には「フタコブラクダ」と「ヒトコブラクダ」の違いくらいしかわからず、とても覚えきれませんでした。

　このように言葉は生活に密着して生まれています。使用度が高いもので、細かく分類された呼び方があったほうが便利なら、自然にその言葉が生まれてくるのです。

　現代でも、言葉は新たに生まれていると思います。例えば、「ゲリラ豪雨」という言葉を聞くようになったのは、つい最近ではないでしょうか。新たな言葉は、常にその時代を表し、社会の要請のもとに生まれてきます。

　言葉は生き物と言いますが、「死語」となってあまり使われなくなる言葉がある一方で、新しい言葉が生まれる瞬間に出会えることもあります。

　もしかしたら、あなた自身が新しい言葉を創り出す人になるかもしれません。そう考えると、なんだかわくわくしませんか。

一体どの文字を使えばいいの？

《 語種の多さ 》

　先日、ある和食レストランに食事に行きましたが、そのお店のメニューはとても面白いものでした。例えば、これは何のお料理かわかりますか。

　「栗―6地―図ちゃ○ん64」

　漢字と数字、ひらがなと記号で書かれていて、不思議な料理ですね。正解は、「クリームチーズ茶わん蒸し」です。「栗」は「くり」、「地」は「ち」、「図」は「ず」と、漢字はそれぞれ訓読み、音読みになっています。2つの「―」は長音、「6」は「むっつ」の「む」、「○」は形から「わ」と読み、最後の「64」は「むっつ」の「む」と「し」になります。

　皆さんはわかりましたか。このお店のメニューは、この例だけでなく、すべてのメニューが漢字、ひらがなだけでなく、カタカナや数字や記号を駆使して「当て字」で書かれていました。

　これは一つの言葉遊びですが、こうした当て字をして遊ぶことができるのは、日本語だからこそです。もし、日本語がひら

がなだけで表記される言語だったら、このような言葉遊びは成り立ちません。

　漢字には音読みと訓読みがあり、数字は「いち、に、さん、し…」という読み方だけでなく、「ひとつ、ふたつ、みっつ、よっつ…」という読み方もあります。様々な文字と読み方を持つ日本語だからこそ、日本人の間ではこうした言葉遊びが成立し、楽しむことができます。

　また、これだけ多くの種類の文字を国民全員が使いこなしている国は、世界の中でも珍しいです。例えば、アメリカやイギリスはご存知の通り英語を使う国ですが、文字はアルファベットの26文字だけです。中国なら中国語は漢字だけで表記します。アルファベットもときどき使うようですが、お店の名前などに限られているようです。

　一方、日本の場合、日本語は漢字とひらがなの「漢字かな交じり」で書かれることが主ですが、外国からきた言葉は外来語としてカタカナで書きます。最近は、外来語でなくてもカタカナで書いたり、ローマ字やアルファベットで書くこともあります。

　このように文字の種類としては、アラビア数字も含めると5種類の文字を日本人は使い分けています。漢字は中国から来た文字であり、それぞれの文字に意味がある「表意文字」です。日本に伝わった時期により音訓様々な読み方が生まれました。5、6世紀に仏教伝来とともに伝わった「呉音」、7、8世紀の隋・唐の時代に伝わった「漢音」、11世紀に禅僧によりもたらされたとされる「唐音」と、様々な地方から様々な時代に異

なる音の漢字が伝わり、1つの漢字がいくつもの読み方を持つようになりました。

　例えば、漢字の「明」の場合、呉音では「光明」のような「みょう」の読み方が、漢音では「明暗」のような「めい」の読み方が、唐音では「明朝」のような「みん」の読み方が伝わりました。

　その後、奈良時代には、漢字の意味を無視して日本語の音に似た音を持つ漢字を使って書くようになりました。その音だけを使う漢字は、万葉集の和歌を書くためなどに使われたので「万葉仮名」と呼ばれています。万葉仮名を草書体で書いてどんどん崩して簡素化し、「安」が「あ」、「以」が「い」のように漢字の字形をもとに「ひらがな」がつくり出されました。

　さらに、平安時代の始めに、僧侶が漢文を読むときに行間に簡単に書ける補助的な文字が必要になり、万葉仮名の「阿」から「ア」、「伊」から「イ」のように字形の一部をとってカタカナができました。これらは、各文字に意味があるわけではなく、音だけを表す「表音文字」です。

　さらに時代を経てローマ字が登場します。ローマ字は、4つの文字の中ではもっとも新しいもので、室町末期にキリスト教や鉄砲の伝来とともにポルトガル人によって日本に伝えられたと言われています。ローマ字も音だけを表す「表音文字」です。

　このように、約1500年の時をかけて様々な国から文字を取り入れ、日本人が便利なように形を変えながら今の文字が定着していったのです。

　1種類の文字を使いこなすだけでも大変なのに、4種類もの文字を使いこなし、しかも、的確に使い分けをしたり、楽しんで面白く遊んでみたりできるのは、このような長い歴史に基づくもので、日本人は、言葉に関しては本当に柔軟性があるのだと感じます。

　けれども、外国人の立場からみると、このように多種類の文字を学ぶというのは別の話で、とても大変なことです。もし、あなたが英語を学ぶためにアルファベット以外に3種類の文字をそれぞれ26文字覚えなければならないと言われたら、どう思いますか。もう、英語の勉強はやめようと思うかもしれませんね。

　日本語は、発音についてはそれほど音が多くないので、話したり聞いたりすることを学ぶには難しくない言語ですが、文字については、最も難度の高い言語と言っていいと思います。特に漢字は、漢字を使わない国の人々、いわゆる非漢字圏の人々にとっては、最高難度の文字です。

　こういう事実を知ったら、外国人が書き方や読み方を間違えていたり、漢字で書く言葉をひらがなで書いていたりしても、その事情を理解しなければならないのではないでしょうか。

　また、外国人も読むものを書く際に、漢字を書くなら読み方をひらがなで書いてあげるとか、簡単な意味を多言語で付けてあげるとか、理解してもらうための配慮をするべきではないでしょうか。外国人と日本人が共に暮らす社会が進むにつれ、そこでは、書き言葉について、多くの人にわかってもらえる日本語で情報を提供するという努力が必要でしょう。

43

「明けまして　オメデトウ GOZAIMASU！」

　前項で4種類の文字があるというお話を書きましたが、それぞれの文字はどのように使われているでしょうか。

　皆さんは、お正月に年賀状を出しますか。最近はメールで挨拶をする人も増えていますが、やはり葉書でもらう年賀状は楽しみです。ほとんどの人が文面を印刷していますが、自筆で近況なども書かれていて、日頃会えない友だちの動向などを知って、あれこれ思いをはせる時間が、お正月の楽しみでもあります。

　その年賀状の文面ですが、どのような言葉を選びますか。「謹賀新年」「明けましておめでとうございます」"Happy New Year"など、年賀状の挨拶は様々です。

　そして、その挨拶を横書きにしますか。縦書きにしますか。毎年たくさんの年賀状をいただいていますが、年々縦書きが減っていると感じます。今年我が家に届いた年賀状を調べてみましたが、縦書きは4割くらいで、残りの6割は横書きでした。

　挨拶の文面は、意外に"Happy New Year"などの英文のものは少なくて1割程度で、ここ数年減っているような気がしま

す。

挨拶のベスト3は、「謹賀新年」、「（新年）明けましておめでとうございます」、「謹んで初春（新春）のお慶びを申し上げます」で、それぞれ3割近くを占めていました。やはり、お正月らしい挨拶としては、漢字とひらがなで表現したくなるのでしょうか。

その中で、「謹んで初春（新春）のお慶びを申し上げます」は、文言が長いこともあるのだと思いますが、縦書きが圧倒的に多く、7割以上もありました。数少ない毛筆の手書き年賀状もこのタイプでした。

毛筆で横書きは書きにくそうですし、縦書きにしてこそ文字から文字への流れるような筆遣いもできるのでしょう。

中には、縦書き・横書きが混在している年賀状もあり、日本語の文字のバラエティの豊富さと書き方の自由さは、年賀状にも表れていると言えます。

世界には様々な文字がありますが、日本語のようにひらがな、カタカナ、漢字の3種類の文字を同時に使用し、しかも使い分けている国はとても珍しいのです。そのため、日本語を習い始めた外国人は、その事実を知ったときに大きなショックを受けます。

もう20年も前のことですが、「日本語を習う前に3種類の文字を使うとわかっていたら、私は日本語を勉強しようとは思わなかった！」と叫んでいたアメリカ人学生を思い出します。

彼女にとっては、文字と言えばアルファベットで、A〜Zの26文字ですべてが表せるのが常識だったのです。それが、交

換留学で来日して大学の日本語センターで日本語を学び始め、まず「あいうえお」からひらがなを勉強して46文字を2週間で覚え、これですべてを読み書きできると思っていたら、次の週はひらがなとは似て非なるカタカナの登場。ひらがなとカタカナの違いに四苦八苦していたら、1か月後には、謎の記号にしか見えない漢字が現れる。一体これはどうなっているのだと、先ほどの叫び声になったのです。

　彼女のように、日本語が3種類の文字で書き表されるということを知らないで来日する人は、最近はいなくなりましたが、日本の新聞を読めるようになるには、漢字約2000字が必要だと聞いて落胆する留学生は、今でも少なくありません。

　しかも、日本人はこの3種の文字をうまく使い分けています。「謹賀新年」をひらがなで書く人はいませんし、「おめでとう」をカタカナで書く人もいません。でも、「ハッピーニュー　イヤー」とカタカナで書くこともできるし、「初春」「はつ春」「はつはる」と文字の違いで雰囲気の違いやニュアンスの違いを出すこともできます。

　前項でも説明しましたが、元々日本語の表記は中国から来た漢字を使って表していましたが、平安時代に「安」の漢字を崩し書きして「あ」の文字が生まれたようにひらがなが創られ、学問や宗教の分野で漢文調の文章を読むために「阿」の漢字の一部から「ア」の文字が生まれたように漢字の省画からカタカナが創られ、「漢字仮名交じり」、または、「漢字片仮名交じり」の文が用いられるようになったのです。

　現在は、和語を中心とした言葉や送り仮名、接続詞・助詞な

206

どの品詞についてはひらがな、外来語はカタカナ、抽象語などの漢語は漢字と、表音文字のひらがな・カタカナと表意文字の漢字を使い分けています。

　これらの使い分けの節度と自由さを日本人は事もなげにこなしているのです。「本当に日本人は全員、3種類の文字が書けるのですか？」と真剣に質問してくる留学生がいますが、世界的に見ても識字率の高さと使い分けの巧妙さは誇れるものだと思います。

　実際には、3種類の文字だけでなく、ローマ字（アルファベット）も生活用語として重要な働きをしています。

　一時、一世を風靡した「KY」のような造語をはじめ、「AKB」「iPS細胞」など、ローマ字も読み書きに欠かせない文字の一つです。それを日本国民が何の違和感も持たずに自由自在に使いこなしているというのは、1種類の文字だけで言葉を表している国の人から見れば驚異ではないでしょうか。

　日本の教育レベルの高さの表れとも言えますが、日本人の律義さと柔軟性がこうした多様な文字の使い分けにはよく表れていると思います。

　お正月にゆっくり年賀状を見ながら、日本語の文字の多様さ、面白さを感じてみるのもよいのではないでしょうか。

美容院には「カルテ」がある？

《 外来語 》

　先日、行きつけの美容院で、面白い話を聞きました。美容院や理髪店で髪を切ってくださる美容師さんや理容師さんは、国家試験を受けてはじめて働くことができますが、その国家試験で実技試験を受けるとき、受験者は必ず白衣を着なければならないそうです。

　それは、昔から、美容師や理容師は髪の毛に関する医者と考えられていたからです。身体については医者が、頭髪については美容師や理容師が診察し、手当てをするという考え方です。

　今でも、理容師が白衣を着て仕事をしているのは、その名残りだそうです。

　また、理髪店の前で回っている3色のポールですが、あの3色の「赤・青・白」は「動脈・静脈・包帯」を表しており、医療行為を象徴したサインだったのです。

　確かに、知らない人の髪をハサミで切ったり、顔やひげを剃刀で剃ったりするという行為は、メスで体の一部を切る行為と同じくらい専門知識と技術が必要で、責任と危険を伴う行為です。「髪の毛の医者」という言葉も納得できますね。

　そして、そのときに聞いた話でもう一つ驚いたのが、美容院

や理髪店で保管されている顧客カードの呼び方です。たぶん、皆さんも美容院や理髪店に行って、名前や住所などをカードに記入したことがあるのではないでしょうか。

そのカードは、「カルテ」と呼ばれているそうです。担当した美容師が、お客様の髪の状態や使用したシャンプー、パーマ液、髪の色など、細かな情報をその「カルテ」に書き込み、次に来店したときの参考にしています。きっと「カルテ」を見れば、各顧客の髪の健康や手入れの履歴などが全部わかるのだと思います。

かかりつけのお医者さんを訪ねたとき、カルテを見ながら、「いつもこの時期に風邪をひきますねえ」と、本人も気づいていないことを言われて驚くことがありますが、美容師・理容師の皆さんも、本人以上に髪のことをご存知なのだと思います。

この「カルテ」という言葉は、ドイツ語のKarteから来ています。その他にも、ガーゼ（Gaze）やレントゲン（Röntgen）、カプセル（Kapsel）など、医療用語の多くがドイツ語から外来語として入って来ています。

このような専門用語には外来語が多いのですが、その専門分野が最も発達している国の言葉が外来語として広く使用されています。

例えば、美術や服装に関する用語は、どこの国から入ってきているかおわかりですか。美術用語のクレヨン、デッサン、アトリエ、そして服装に関する用語であるズボン、マントなどは、フランス語から来ています。

音楽用語はどうでしょうか。オペラ、ソプラノ、アルト、コ

ンチェルトなど、すべてイタリア語からの外来語です。つまり、文化の発達したところから未発達のところへと、文化や知識と共に言葉も入って行き、日本語では外来語として取り入れられているのです。

　このような外来語は、外国から日本に入って来た時期を調べると、日本の社会の動きがわかります。

　例えば、16世紀には、パン、カステラ、タバコといった食品や嗜好品が外来語として入って来ましたが、これらはポルトガル語が由来で、ポルトガルとの貿易が盛んだった時代だとわかります。

　そして、江戸時代には、アルコール、コンパス、ポンプなどの新しい発明品がもたらされ、そのまま名前が使われるようになりましたが、元々はオランダ語です。鎖国をしていた江戸時代には、唯一、門戸を開いていたオランダからの言葉が入って来たわけです。

　それが明治時代になると、世の中は文明開化一色となります。この時期は、西洋文明が取り入れられて多くの外国語が入って来ましたが、その外国語が日本語に訳されて使用されるようになりました。societyが「社会」、freedomが「自由」と初めて訳されたのは、この時代です。

　戦争中には、外来語が敵性語として禁止され使用されなくなりますが、戦後には、チョコレート、エネルギー、ソファー、アパート、マイカーなど、和製も含めて、英語を中心とした外来語が急増し、生活スタイルの変化がもたらされたことがわかります。

　バブル期には、ブランド、オンライン、ネットワークと高級

品や技術の進歩がわかる言葉が増えてきます。ところが、バブルが崩壊すると、リストラ、バッシング、ナチュラル、アロマテラピーなどのきびしい社会情勢を伝える言葉や、成長よりも人間らしさや癒しを求める風潮が外来語に現れます。

その後は、インターネット、サイバー、チャット、ブログといったIT時代へと突入していく様子が外来語の登場によりはっきりとわかります。

言葉はこのように、時代の要請とともに、必要とされる言葉が外国語から入って来ているのですが、それぞれの時代に日本語は外来語として非常にオープンに、そして柔軟に受け入れているのです。

カタカナという文字を持っていることも、外来語を受け入れやすかった要因の一つですが、外国語の読み方を日本人が発音しやすいように微妙に音を変えたり、長い言葉を省略したりして取り入れていることも、外来語が定着しやすかった理由でしょう。

ただ、元々外国語だから外国人にはわかりやすいだろうと思うのは間違いで、外国人にとっては、これらの外来語は非常にわかりにくい言葉の一つです。発音が違ったり、微妙に意味が違っていることが、かえってわかりにくくしているのです。

外来語は外国語を由来とする言葉ですが、日本語になじみやすい音や意味になっている完全なる「日本語」だということを認識しておくとよいでしょう。

身近な外来語が、いつ頃、どこの国の言葉から生まれたのかを調べてみるのも面白いのではないでしょうか。

45

3密を避けてワーケーション？

《 日本で作られた外来語 》

　新型コロナウイルスの影響で人々の生活は大きく変わりました。皆さんも新型コロナウイルスに関する多くの報道に目や耳を傾けるようになったと思います。

　その中で、新しい言葉がたくさん生まれています。「3密」「ステイホーム週間」「ウィズコロナ」「リモート会議」「ソーシャル・ディスタンス」など、毎日聞かない日がないくらい目に触れ、耳にします。

　こうした新しい言葉は、新しい状況や新たな考え、新たな物事が始まると生まれますが、日本では新しい言葉が生まれ普及するのがとても速いと言えます。それは、ほぼ全国民が日本語を理解できること、マスコミが全家庭に浸透していること、新しい物事や状況にみんなが関心を持っていることが要因だと思います。それに加えて、日本語の特徴も大きな要因になっていることに気付いているでしょうか。

　このような新しい言葉は上に挙げた例を見てもわかる通り、カタカナ語が多いですね。「ステイホーム」「リモート」「ウィズ」「ソーシャル」「ディスタンス」とすべて英語のカタカナ読みです。カタカナで書かれていますし、読み方も完全

に日本語読みになっているので、これはもはや英語ではなく、日本語の中の外来語ということになります。

「家にいる週間」「離れて仕事」「コロナと一緒」「社会的距離」では、意味する概念が少し異なり、カタカナ語のほうがしっくりきます。初めは耳慣れなくても、今では普通に使っているのではないでしょうか。

前項でもご紹介しましたが、日本語は、このように外来語を取り入れるのが得意で、昔から多くの外来語を取り入れてきました。16世紀頃から、当時貿易を盛んに行っていたポルトガルから入ってきた食べ物や衣類などが日本に根付き、パン、コンペート、カステラ、タバコ、マント、カッパ、ラシャ、ボタン、メリアスなどの言葉が外来語として定着しました。

鎖国をしていた江戸時代も、唯一貿易が許されていたオランダから、アルコール、アルカリ、オブラート、コンパス、レンズ、ガラス、コップ、ギプス、オルゴールなどの品物が入り、それと一緒に言葉が生まれ外来語となっています。

明治時代の文明開化期には、中国から多くの漢語が入ってきましたが、漢語は外来語とは呼んでいません。外来語が大量に生まれたのは、やはり戦後になってから、アメリカから英語の言葉が入ってくるようになってからです。チョコレートに始まり、ソファー、テーブル、ナイフ、フォーク、スプーン、スープ、サラダなど、生活に関する多くの言葉が外来語として生活に浸透していきました。

また、経済的に成長した日本が世界と簡単につながるようになってからは、ネットワーク、パソコン、インフォメーショ

ン、インターネット、テクノロジーなど、多くの言葉が外来語となって使われるようになりました。

　このように多くの言葉が外来語として存在しますが、今挙げた外来語は、どちらかというと、元々の言葉の発音を日本語読みに当てはめてカタカナにした言葉と言っていいでしょう。元の言葉の発音とは大きく異なっているものもありますが、まだ、どうにか原形を留めているものも多くあります。

　日本語の外来語の多様さは、実はこれでは収まりません。取り入れる際に、日本語として言いにくい言葉は、日本流に省略するという技法もとられました。

　例えば、「セクシャルハラスメント」なら「セクハラ」、「ワードプロセッサー」なら「ワープロ」、「リストラクチャリング」なら「リストラ」、「コラボレーション」なら「コラボ」、「ナイト・ゲーム」なら「ナイター」と、省略したり、変化させたりしています。

　「ナイター」などは、ほとんど原語からは想像がつかない別の言葉と言ってもいいでしょう。ただ、元々の「ナイト・ゲーム」だったら、長くて言いにくいことから、これほど普及、浸透しなかったかもしれません。短縮という技法を使って、日本語として成立し、浸透したと言えるでしょう。

　また、日本語は、外来語を活用して新たな言葉を作ることにも長けています。例えば、「ハーモニー」という名詞を「ハモる」という動詞に変化させたり、最近よく聞く言葉では、英語の「集団でざわつく」「がやがやいう」という意味の“buzz”から「バズる」と動詞を作り出したりしています。最近あまり

聞かなくなりましたが、「ナウ」という名詞も「ナウい」と形容詞になっていますし、フランス語の"chic"から生まれた外来語の「シック」は「シックな」という形容詞で使われています。つまり、使いやすいように多様に変化して日本語に定着しているのです。

　このような外来語は、外国人で日本語を学習している人にとっては、本当に頭の痛い言葉です。元の英語の言葉を知っていても、発音でまず同一の言葉だとは思えません。アメリカ人が、「マクドナルド」と日本人が言うのを聞いて"McDonald"とは気が付かなかったとよく言いますが、彼らにとっては全く別物にしか聞こえないのです。

　さらに、なかには異なる意味で使われている言葉もあり、余計にわかりにくくなっています。例えば、アメリカで「マンション」と言えば、広大な敷地に建つ「豪邸」のことを意味しますが、友だちがマンションに住んでいるというので楽しみに遊びに行ったら、東京のワンルームだったとか、「ボートに乗ろう」というから客船クルーズなのかと思ったら、連れて行かれたのは小さな湖の手漕ぎの小舟だったとか、外国人が戸惑う外来語は数多くあります。

　私たちが何気なく使っているカタカナ語は、本来どのような意味を持つ言葉だったのかを知ることで、こうした外国人の驚きに気づいてあげられるかもしれません。

　日本語は、日本に元々なかった物や文化、技術、概念などをカタカナという文字を活用して、すべて日本語で表現し、柔軟かつ迅速に取り入れています。カタカナで表すときに日本人に

使いやすいような発音や形に変えることで、より多くの人々に馴染みやすく使いやすくなり、簡単に幅広く普及できました。これは、日本語の特徴でもあり、日本人の新しい物事を受け入れる柔軟性の高さにもつながっています。もし、カタカナがなければ、これほど多くの新たなものを取り入れられなかったのではないでしょうか。

　そういえば、最近生まれた言葉で気になった言葉があります。「ワーケーション」です。「ワーク」と「バケーション」を一緒にして短縮して作った言葉だそうです。「避暑地などの郊外でのんびりリモートワークをしましょう」という意味らしいですが、果たしてこの言葉が外来語として普及するでしょうか。それは、そのような働き方が定着するかどうかにかかっているでしょう。これからどんなものを取り入れて、どんなカタカナ言葉が生まれてくるのか楽しみです。

46

日本語が世界に羽ばたく！

　皆さんはスポーツはお好きですか？　スポーツは自分で実際にするのも楽しいですが、素晴らしい競技を見るのも楽しいですね。

　先日、柔道の試合をテレビで見ていたとき、判定の方法で使われていたのが、"Ippon"、"Waza-ari"、"Yuko"という用語です。これは、もちろん日本語の「一本」「技あり」「有効」がローマ字で表記されたものです。

　皆さんもお気づきのことと思いますが、日本語がそのまま世界的に使用されている一例ですね。

　前項と前々項で、外国から日本に入ってきた外来語の話をしましたが、これは外来語の逆で、日本から輸出されていった日本語たちです。外国で日本語が借用語として使われている事例なのです。

　柔道は、嘉納治五郎を創始者とする講道館柔道が普及して今に至る日本由来のスポーツですので、柔道で使われる用語は日本語がそのまま使われています。そのほか、自然災害の多い日本から「津波」が"Tsunami"として世界的に使用される自然災害用語になっています。

経済関連では「かんばん」と呼ばれるボードを自動車の生産指示に使用した（トヨタ）生産方式が"Kanban"と呼ばれたり、工場現場での作業改善活動である「改善」が"Kaizen"と呼ばれたりして、アルファベットで表記されて使われています。

　また、日本発祥の娯楽であるカラオケも"Karaoke"をはじめとして、多くの国でそれぞれの表記に直されて使用されています。若者文化の一つとして「かわいい」という概念も"Kawaii"と表記されて使われ、多くの国の若者に影響を与えています。

　このように日本からも多くの言葉が世界に出ていってユニバーサルな用語として使われているのです。これは日本文化、日本的考え方の輸出とも言えます。ただ、使用される場合は、先に挙げた例の通り、アルファベット表記になって使用されているものがほとんどです。

　ところが、日本語が漢字のまま借用語として使用されている国もあります。それは、意外にも中国です。元々中国から漢字がもたらされ、江戸時代末期までは多くの中国語が日本語の漢語となったという経緯があります。

　日本語からの借用語について研究をしている彭広陸氏の研究によると、日本語が中国語に多く取り入れられた時期が2回あり、1回目は19世紀末〜20世紀初頭で、主に西洋文化・文明を受容する際に自然科学用語や社会科学用語などが西洋学術書を翻訳した日本語を通して中国にもたらされたそうです。

　つまり、直接、西洋から取り入れるには英語などアルファ

ベット等の文字を漢字に直すという翻訳の大変さがあります
が、一度日本で漢字を使った用語になっていれば、それをその
まま活用できるという便利さがあったようです。

　2回目は、1980年代以降で日本文化がメディアや人的交流な
どを通じて中国に紹介され、借用語として定着していったもの
です。主に衣食住に関する用語や抽象的な語彙があるそうで
す。

　例えば、本生、料理、便当（弁当）、刺身、串焼（串焼き）
などの食に関する用語、宅急送（宅急便）、配送、入院、福
祉、家电（家電）などの生活関連の用語、痩身、美白、敏感
肌などの美容関連用語、その他、人气（人気）、研修、失恋、
暴走など幅広い分野の言葉が、日本語から中国へ伝わり使用さ
れるようになりました。

　さらに、単語単位の日本語だけでなく、「〜風」、「〜
男」、「〜女」などの接尾語や「超〜」、「爆〜」、「初〜」
などの接頭語も借用されているそうです。

　このような接尾語・接頭語をつけて新しい言葉を創造してい
くのは、日本人が得意な分野で、造語文化も中国に伝播して
いっていることを示しています。

　こうした両国の外来語事情を知ると、江戸後期までの中国か
ら日本への文化と言葉の「一方通行」が、やっと日中間で「相
互通行」になってきたことがわかります。互いに影響を与え
合ってこそ、真の交流がなされていると言えるのではないで
しょうか。

　日本語が多くの国で借用語として使用されるということは、

それだけ日本や日本文化が深く世界に知られていっていることを表します。日本が他の国にない物や概念を紹介することができれば、その国で借用語として定着していく可能性が高くなります。

　これからも、日本文化や日本の良さを象徴するような言葉を広めていきたいものです。皆さんは、次にどんな言葉を世界に伝えていきたいですか。

非言語
コミュニケーションの
「壁」

これまで、言葉や文字による日本人とのコミュニケーション
の場面で、外国人にとってどのような大変さがあるかをご紹
介してきました。しかし、実は、大変さがあるのは、言葉や
文字によるコミュニケーションだけではありません。私たち
は、コミュニケーションをするとき、言語によるコミュニケー
ション情報と同時に、様々な非言語（ノンバーバル）情報も
伝えています。例えば、あなたにとって大切な人が、目に涙
をためながら「全然大丈夫。平気だから」と言ったとしましょ
う。あなたは、「大丈夫なら、全然問題ないね」と放ってお
けますか。多分それはできないでしょう。これは、「全然大
丈夫」という言葉による情報より、「目に涙をためている」と
いう非言語情報をあなたが受け取ったからです。このように、
非言語コミュニケーションも、実際のコミュニケーションに
おいては重要な働きをしているのです。それだけに、非言語
の伝え方に異文化間で違いがあると、全く異なる受け取り方
をされるという危険性があるのです。

47

じっと見つめる？　見つめない？

《 アイコンタクト 》

　就職活動は、大学生にとって、社会人になるための大きな
ハードルとなっていて、初めてのことばかりなので、大変な緊
張を強いられます。

　それは、日本で就職を考えている留学生にとっても同じで
す。アルバイトはしたことがあっても、いざ、就職となると勝
手が全く違います。面接で慣れない敬語を使いながら、自分の
考えや経験を伝え、相手の質問に的確に答えていくことは、と
ても難しいことです。うまく対応して行くためには、日本語力
の問題が常にあると思います。また、本人が気づかないところ
で、思わぬ状況を生んでいることもあります。

　例えば、以前、こんなことがありました。とても優秀で性格
も明るく積極的な男子留学生がいました。日本語力、特に話す
能力がかなり高かったので、就職活動を始めるときも、早く内
定がもらえるだろうと思っていました。ですが、いざ就職活動
を始めてみたら、ほかの留学生が次々と内定をもらい始めて
も、その学生はなかなか内定をもらえず、苦戦していました。
私も心配だったので、一度面接の練習をしてみようということ
になりました。

　面接練習では、自己紹介、大学生活で力を入れたこと、志望動機など、必ず聞かれる質問に対してよどみなく、しっかりとした内容を話していました。思っていた通り、日本語力には問題がないと思いましたが、なんだか、違和感を覚えました。ほかの学生に対しても同じような面接練習をしたことは何度もありましたが、そのときと比べて、雰囲気がどうも違うのです。

　初めは、その留学生が緊張しているからかと思いましたが違うようです。よく知っている学生と面接練習をしているのに、こちらまで緊張を感じるのです。彼の誠実な態度や積極的な発言内容には好感をもてましたが、あまり和やかな雰囲気ではありませんでした。どちらかというと、こちらに迫ってくるほどの圧力のようなものを感じました。そのとき、あることに気づきました。それは、その留学生の「視線」です。

　面接を始めた瞬間から、彼の視線はずっと私の目に向けられています。しかも彼の大きな目は、真剣であればあるほど、しっかり見開いて私の目を見ています。そのため、真剣さも熱心さも伝わってきますが、じっと見つめられ続けているので、こちらがちょっと居心地が悪くなってしまったのです。性格の良い明るい学生だと私は知っているので、嫌な感じはしないはずなのですが、至近距離でずっと視線を向けられ続けると、精神的に少し疲れてしまう感じがしました。

　実は、視線の向け方には文化差があり、どのようなときにどのくらいの時間、どこに向けるかについて違いがあると言われています。相手の目を見る行動は「アイコンタクト」と言い、日本人の場合、アイコンタクトは取りますが、ずっと相手の目

を見続けることは少なく、相手の顔のほかの部分を見たりして、ちょっと視線をずらしたりします。中には、あまりアイコンタクトをしない人もいます。

　また、どんな場合にアイコンタクトを取るかについても違いがあります。例えば、皆さんは、誰かに怒られているとき、顔や視線はどこに向いているでしょうか。父親や母親から子どものときに叱られた経験があると思いますが、そのとき、親の目をじっと見て話を聞いていたでしょうか。どちらかというと下を向いて、視線を下に落として、相手の顔も見られないという状況だったのではないでしょうか。

　部活で後輩を厳しく注意することがあったとしましょう。そのときに、後輩が目をしっかりと見開いてあなたの目をじっと見ながら話を聞いていたら、あなたはどんな気持ちになるでしょうか。この後輩は本当に反省しているのだろうかと疑ったり、もしかしたら、この後輩の態度は怒られていることに不満があり、不服そうに映ったりしないでしょうか。

　しかし、世界の中には、全く異なるアイコンタクトの取り方をする地域があります。アイコンタクトを取ることが、相手への誠意を示し、真剣に話を聞いている姿勢であると考えている人々もいるのです。ですから、怒られているときや注意を受けているときこそ、もっとしっかりと相手の目を見て、話を聞くように子どものときから教えられているのです。

　この留学生の場合も、子どものときから同様の教育を受けていました。けれども、どの程度アイコンタクトを取るかという点で、少し私の感覚とはズレていました。大きな目でニコリと

もせず見続けられると、何か迫ってこられる感じがして、少し居心地が悪くなってしまったのです。

　アイコンタクトの長さは、相手や話の内容への興味によっても違ってきます。興味があれば、身を乗り出し、アイコンタクトを取る時間も長くなるでしょう。ですから、じっと見られていると、「あの人、何か私に言いたいのかしら？」と思ったりします。

　その反対に、こちらが真剣に話をしているのに、視線をずらしてあまりこちらを見ないと、「あまり興味がないのかな？」と考えてしまいます。そんな言葉を発しているわけではないのに、アイコンタクトという非言語コミュニケーションにより、無意識のうちにいろいろなメッセージを相手に伝えているのです。

　アイコンタクトで伝えようとした内容が相手の感じたことと同じなら問題は起きないのですが、言葉にして伝えないので、相手と自分の感じ方が異なる場合は、意図していない内容が伝わることになってしまいます。それが、非言語コミュニケーションの難しいところなのです。

　この留学生には、アイコンタクトの取り方について、ときどき相手の鼻を見たり、目線をそらしたりするように工夫し、じっと相手の目を見るときも、にらみつける感じにならないように少し微笑んで相手を見ることをアドバイスしました。無意識の行動を変えるというのは、なかなか大変だったようです。けれども、相手の感じ方が自分と違うのだと知ったことで、気をつけることができるようになり、その後は、話していても少

し柔らかい感じがするようになりました。

　母語とは異なる言葉で話すだけでも大変なのに、その言語に合った非言語コミュニケーションにも取り組まなければならないのは大変なことだと、改めて実感しました。

48

こっちに来るの？
あっちに行くの？

《 ジェスチャー 》

　私たちはコミュニケーションを行うとき、ジェスチャーや表情、視線など、いわゆる非言語も同時に使っています。

　この非言語コミュニケーションは、言葉以上に情報を伝えていると言われており、コミュニケーションの内の93％が非言語により情報をやり取りしているという研究もあります。

　確かに、喧嘩をしている友人がいつもとは違う怖い顔をして「全然怒ってないよ」と言っても、皆さんはその言葉を信じず、友人は怒っていると考えるでしょう。それは、顔の表情により「怒っている」という情報が発信され、受け手が言葉による情報よりも、そちらの方を優先して受け取ったからです。

　非言語コミュニケーションにも、文化の違いによる差がいろいろあります。非言語コミュニケーションの代表的なものであるジェスチャーですが、言語文化によって同じジェスチャーでも異なる意味を表すことがよくあります。

　例えば、以前、中国人のご夫婦と一緒に中国料理を食べに行ったことがあります。飲茶の店で、ワゴンに様々な料理を載せて店員がレストラン内をぐるぐると回っていました。ワゴンが私たちのテーブルに近づくたびに、それらの料理をのぞき込

み、食べたいと思った料理をもらっていました。中国人ご夫婦に紹介してもらって行ったお店で、店員さんもほとんど中国人でした。本場の中国の店だったので、珍しい料理もたくさんありましたし、どの料理もおいしくて、つい、あれもこれもと手を出しておなか一杯食べたのを覚えています。非常に満足して、食後に中国茶を飲みながら、楽しくそのご夫婦と話をしていました。

　そのとき、とても気になることがありました。それは、中国人のご主人が、ときどき右手の人差し指でテーブルを「トントントン」と叩くのです。大きな音がするわけではありませんが、食後のくつろいでいる時間に、何度も「トントントン」と指でテーブルを叩くのは違和感があり、何かイラついているようにも見えました。ちょっと気に入らないことでもあるのかと、心配になってしまいました。

　食べ物もおいしくて、サービスもいい中国料理店でしたし、楽しいお話をしてリラックスしていましたので、本当は忙しくてそろそろ帰りたいのに、のんびりしている私にイライラしているのかと思いました。思わず、そのときは「そろそろ行きましょうか？」と声がけしましたが、そのご夫婦は「忙しいですか？　もう少しゆっくりしましょう」とおっしゃったので、その言葉を信じて、しばらくお話をしてからお店を出ました。

　皆さんは、この行為が何を表しているかおわかりでしょうか。そのときは、私はそのジェスチャーの意味を知らなくて、何が起こっていたのかもわからず、そのご主人は少し神経質な方なのかなと思ってしまいました。奥様と親しい私は、神経質

なご主人と一緒だと彼女も大変だなあ、などと思いました。

その後、このジェスチャーのことが気になり、別の中国人の友人に聞いたところ、実は、このジェスチャーは、私たちがお話ししているときにお茶を給仕してくれたレストランの店員さんにお礼を言うためのサインだということがわかりました。

お客様同士の会話が店員へのお礼で中断しないように、中国では、気軽な「ありがとう」の気持ちをあのような指のジェスチャーで表します。確かに、あのとき、中国茶のお茶碗はあまり大きくなくて、お茶が少なくなると、店員さんが何度もお茶を入れてくれていました。それに対して、私はちょっと会釈してお礼を言っていましたが、そのご主人は指でお礼を言っていたのです。

この事実を知って、ご主人のことを神経質な方だと思っていた自分が恥ずかしくなりました。あのジェスチャーの意味を知っていたら、もっと会話を最後まで楽しめたのにと、残念に感じましたし、ジェスチャーひとつで相手のことを誤解してしまったことに驚きました。

また、こんなこともあります。皆さんは、遠くにいる人を呼び寄せるときに、どのようなジェスチャーをするでしょうか。手を挙げて、「こっちこっち」と手のひらを上から下に手首を曲げて人を呼び寄せませんか。一般的なジェスチャーのひとつです。

けれども、このジェスチャーで大失敗した日本語教師の友人がいます。かなり前のことですが、まだ友人が日本語教師になって間もないときに、学生を連れて校外学習に行ったそうで

す。いくつかの施設見学をした後に、広い公園でお弁当を食べたそうです。食後は、全員で一度学校に戻ってから解散する予定になっていました。

　集合時間になったので、あちこちで食事を楽しんでいた学生を集めようと思い、その友人は「時間です。こっちに集まってくださ～い」と大きな声で言いながら、両手を挙げて、先ほどの手招きのジェスチャーをしたそうです。すると、どういうわけか、多くの学生が「先生、さようなら。楽しかったで～す」と言いながら、どんどん駅の方に勝手に行ってしまおうとしたそうです。

　友人は遠ざかっていく学生を見て焦ってしまい、さらに大きな声で「こっちに集まってくださ～い」と叫び、それを見た一部の学生が、帰ろうとしている学生たちを追いかけて止めてくれたそうです。

　一体どうして学生たちはそのような行動をとったのでしょうか。それは、手招きのジェスチャーの意味を友人が知らなかったからです。私たち日本人は、多くの人が、先ほどのジェスチャーを「手招き」というくらいですから、人を自分の方に呼ぶためのジェスチャーだと思っています。しかし、このジェスチャーは、見ようによっては、手のひらを下から上に振っているようにも見えます。下から上に振ると、どんな意味になるでしょうか。まるで、「あっちに行け！」と言っているかのような動きにも見えます。

　その上、このときの学生は欧米から来た学生が多く、「こっちに来て」という意味で使うジェスチャーは、手のひらを手前

に向けて指全体を上に向け、それを手前に折るという動きなのです。逆に、指全体を下に向けて、向こう側にはね上げるジェスチャーは、「あっちに行って！」という意味を表します。それを知らなかった友人は、本当にあのときは冷や汗をかいたと言っていました。

　ジェスチャーは手の小さな動きですが、文化によって異なる意味を持っていることも少なくありません。言葉以上に様々な情報を伝えることをしっかり自覚して、相手にとっての意味を確認することも大切だと思った出来事でした。

49 ————————————————————————

どうして笑っているの？

《 笑いが表すもの 》

　前項では、非言語コミュニケーションの中のジェスチャーについて触れましたが、顔の表情なども非言語コミュニケーションの一つです。

　表情というと、同じ人間なのだから、顔を見ればその人の感情や思いは大体わかるはずだと思う人もいらっしゃるでしょう。もちろん、ある程度はわかります。だからこそ、どこの国で制作された映画でも、私たちは映像を通して、役者さんたちの演技を見てストーリーや登場人物の心の動きを理解することができます。

　表情と言っても、いろいろな表情がありますが、「喜び」「悲しみ」「怒り」「驚き」「嫌悪」「恐れ」の6つの表情を基本表情と呼んでいて、これらの表情についてはどのような文化でも共通したものだと言われています。これらの表情は国や文化に関係なくすべての人々によって理解される、という研究結果も出ています。

　ただ、表情はこれら6つだけではありません。もう少し複雑な感情を伝える表情になると、全人類共通というわけにはいかなくなります。また、感情をどの程度表情として表すかも、文

化によって異なります。

ちなみに、日本人は欧米の人々と比べて、また、アジアの人々と比べても、表情をあまりはっきり顔に出さず、表情は控えめだと言われています。ですから、外国人から日本人は何を考えているのかわかりづらいと言われたり、みんな同じ表情に見えると言われたりするのだと思います。

そして、それ以上に違いがあるのが、どんなときにそれらの表情をするのかです。たとえ、文化差がなく共通だと言われている基本表情でも、その表情をいつするのかというと、国や文化によって違ってきます。そのため、誤解が起きることもあるのです。

以前、アメリカに住んでいたとき、当時はまだデジタルカメラがなく、フィルムで写真を撮っていました（ずいぶん古い話ですみません）。アメリカ生活のいろいろな瞬間を写真に撮って、いつも近所のカメラ屋さんにフィルムを現像に出しに行っていました。何度も現像をお願いに行くので、店員さんとも顔見知りになり、明るい気のいい青年店員だったので、ちょっとした会話をする仲になっていました。

ある日、いつものように現像をお願いに行ったら、その店員さんが、あるお客さんともめていました。そのお客さんは、その店で買った（と主張している）フィルムを持ってきていて、それを返却したいから料金を返金してほしいと言っていました。けれども、見るからに古い箱に入っていて、半分壊れています。レシートも持っていなくて、最近その店で買ったフィルムとは、私から見ても、思えませんでした。中のフィルムも新

しい物なのかどうか怪しい感じで、誰が見てもちょっとおかし
なお客さんでした。

　そのため、店員さんは返金を断っていたのですが、お客さん
が激しい口調で何かしら文句を言って粘っていました。長い時
間もめていたので、私の後にも他のお客さんがやってきてい
て、気が付いたら、行列になっていました。それを見た店員さ
んは、仕方なく返金をして解決しました。

　そのお客さんが帰ったので、いろいろなお客さんがいて大変
だなあと思いながら、いつものように私は現像をお願いしまし
た。すると、その店員さんが、「何を笑っているんだ。そんな
におかしいのか」と言って、私のことを怒り始めました。私は
何を言っているのか、どうしてそんなことを言うのかと、戸惑
いました。大体、店員さんのことを笑ってなんかいないのに、
どうして怒るのだろうとただただ驚きました。

　先ほどの一件があったので、いつも明るい店員さんもイライ
ラしているのかと思い、謝って現像をお願いしましたが、なん
だかすっきりしませんでした。家に帰ってからも、どうして私
は怒られなければならないのだろうと納得がいかなかったのを
覚えています。ですが、一連の出来事を思い出しながら、ふと
「笑っている」という言葉が気になり、ハッとしました。私は
笑っているように見えたのです。

　文句を言って粘っているお客さんを見て、店員さんのことが
気の毒になり、私は「苦笑い」をしていたのだと思います。全
く意識していませんでしたが、店員さんに同情し、「こんな客
は困るよね」という気持ちになっていたので、そのような表情

になったのだと思います。

その表情を見て、店員さんは、「困っているのに、それを笑って見ているなんて、どういうことだ！」と怒りの気持ちが湧いたのでしょう。それに気づいて、無意識とはいえ、悪いことをしたと思いました。もしかしたら、私の苦笑いの表情は、その店員さんにとっては、ただの笑いか冷やかしの笑いに、最悪の場合、馬鹿にした笑いに見えたのかもしれません。いつも明るい店員さんを私の表情でもっと嫌な気持ちにしてしまったことを残念に思いました。

このように、ほとんどの場合、無意識に表情は出てしまいます。そのため、自分が気が付かない間に相手に誤解を与えることもあるのです。

その他にも、お葬式の場で気丈にふるまう遺族が、列席してくれた方々に微笑んで対応している姿が信じられないと言っていた外国人がいました。遺族は人々に心配をかけないように自分の悲しみを押し殺しているのだと説明しましたが、その外国人には理解できなかったようです。感情が無意識に表れるはずの表情だからこそ、自分の感情に反する表情をすることが信じられなかったのではないでしょうか。

また、韓国や中国の一部の地域で今でも残る習慣ですが、お葬式に「泣き屋さん」を呼ぶことがあるそうです。亡くなった方とは深い関係はないのですが、ワンワンと激しく泣いて式に参列するそうです。本当に悲しいわけではないのに、泣くという行為がこのような形で認められているのです。日本だったら、かえって失礼で不謹慎な行為に見えますが、そのようにし

て亡くなった方を弔い、遺族を慰めるという意味があるそうです。

　このように困った場面や人々の死に直面したときのような深刻な場面では、その場にいる人々の表情が大きな意味を持つことがあります。だからこそ、たとえ基本表情であっても、コミュニケーションに支障が起きる可能性もあり、表情によって情報がきちんと伝わっているかの確認が必要な場合もあります。

　表情で相手がわかってくれるだろうと思いこむのは危険で、言語コミュニケーションと並行して情報を伝えたり、尋ねたりするなど、相互理解をする姿勢を持っておく必要があるのではないでしょうか。

50

相手にもっと近づきたい？ それとも離れたい？

コミュニケーションには、言語コミュニケーションと非言語コミュニケーションがありますが、ジェスチャーや表情などに文化差があることをこれまでご紹介してきました。他に、どのような非言語コミュニケーションがあるのでしょうか。

空間の取り方も非言語コミュニケーションの一つと言われています。空間の取り方と言っても、何のことかちょっとわかりにくいかもしれません。最近、皆さんがよく耳にするようになった「ソーシャル・ディスタンス」も、一つの空間の取り方です。

例えば、皆さんが親しい友人と話をするとき、あなたと友人とはどの程度離れていますか。あなたが初対面の人と話をするとき、どの程度離れて話をしますか。恋人と話をするときは、どのくらいの距離が離れていますか。少しずつ対人距離（パーソナル・スペース）は違っているのではないでしょうか。

たぶん、いちばん近い距離は恋人との会話のときで、次が友人、いちばん離れているのが初対面の人との会話だと思います。つまり、人と話をするときには、それぞれ居心地のいい空間の取り方があって、一般に親しいほどその空間は小さくなり

ます。逆に言えば、相手との空間の取り方によって、その人との親疎関係を伝えていると言えます。また、知らない人が二人の話している様子を見たときにも、その距離から人間関係が伝わってくることもあります。

　さらに、相手との空間の取り方には、文化差があります。一般的に、他人に近寄ってもらいたくない自分の空間というものを誰でも持っていて、それを「ボディーバブル」と呼んでいます。そのボディーバブルの距離が、文化によって異なるのです。研究では、日本人とアメリカ人とベネズエラ人を比べた場合、日本人のボディーバブルは、いちばん距離を取り、次がアメリカ人、最も距離が近いのがベネズエラ人でした。

　また、男女差もあると言われていて、男性より女性の方が距離を取る傾向があると言われています。

　実際に、私もいろいろな国の学生を教えた経験がありますが、今でも忘れられない学生がいます。その学生は、西アフリカのコートジボワールから来た男子学生でしたが、いつも「先生」と呼びかけられて振り返ると、彼の顔が私の顔のすぐそばにあり、「ど、ど、どうしたの？　何？」と尋ねると、「プリントが足りません」と穏やかに話します。こちらはかなり動揺していて、「えっ、え、プリント？　ああ、はい、これね」と渡すのですが、結構ドキドキしてしまいました。

　あるときは、「先生」と言われて振り返ると、彼の顔が、すぐ横にあって、驚いてしまって「わっ！」と声を上げてしまったことがあります。彼は、「これ、宿題です」と言って丁寧に課題のプリントを渡して席に戻るのですが、私は、まだドキド

キしていて、その様子を見ていたほかの学生がクスクス笑っていました。

　その学生には、全く悪気はなくて、いつもの行動なのです。クラスの学生たちは、いつものことなので段々慣れてきたようで、いつも驚く私を見て笑っていましたが、その距離感に慣れない私にとっては、いつも驚かされてしまい、1学期間慣れないまま授業が終わってしまったのを覚えています。

　一般的に、南米や地中海沿岸の国々では、空間の取り方が近いと言われています。また、アラブやイスラム圏の人々も空間の距離が近く、挨拶のときなどは、親しさを表すために、息がかかるくらい近い方がいいと言われています。

　確かに、イスラム圏の首脳同士などが会談する際に、お互いに顔を近づけて肩を抱き合い挨拶する姿は、テレビニュースや新聞などでも見ることができます。日本の首相が他国の首相とあのような挨拶をしたら、ちょっとしたニュースになるかもしれません。

　つまり、この受け取り方の違いが空間の取り方で問題となりやすいところなのです。

　例えば、あなたの上司が外国人で、いつもあなたと話をする際に、とても近くに立って話をしたら、どう思うでしょうか。仕事の指示をするときも、ちょっとしたミスを指摘して改善を要求するときも、そして何気ない日常会話をするときも、あなたと30センチくらいしか離れていないところに立って話しかけてきます。他の上司は、普通に80センチくらい離れたところに立って話しかけますが、その上司だけはいつも近くにいま

す。そうなると、どんな気持ちになるでしょうか。

　さらに、その上司が、男性であれ女性であれ、異性であった場合、違和感を通り越して、恐怖感や嫌悪感が生まれてくる可能性もあります。セクハラやパワハラなどの対応が厳しく言われている昨今であれば、受け取る側の気持ち次第でセクハラやパワハラの認定はされてしまいます。文化差による空間の違いが、思わぬ疑いや問題を生むかもしれません。

　この空間の取り方の違いに関してコミュニケーションの分野の笑い話があります。あるパーティー会場で、アメリカ人と南米人が初めて会って話が弾んでいたのですが、アメリカ人が相手と空間を取ろうとして一歩下がると、南米人が相手との空間を詰めようと一歩前に進み、そうすると、またアメリカ人が一歩下がって、それを見て、また南米人が一歩前進する。それをくり返しているうちに、二人はパーティー会場をぐるっと一周してしまったというのです。

　南米人は一般的にボディーバブルが小さく、対人距離が短いです。ですから、相手との心地いい距離を維持するために近寄ろうと前に行くのですが、アメリカ人にはその距離が居心地悪く、後ろに下がってしまうというわけです。

　理由がわかっていれば、問題は起きませんが、空間の取り方に文化差があると知らない人にとっては、なかなか近寄る理由を聞けないということもあり、結構深刻な問題になるかもしれません。

　このような笑い話で終わればいいのですが、親しくなろうとしたり、自分の居心地のいい距離を保とうとしたりして、相手

に誤解を生じさせてしまうのは残念なことです。もし、皆さんも外国人と話していて違和感を覚えたら、一度出身地などを尋ねてみてください。そして、いつもこの距離で相手と話しているのかと聞いてみるといいでしょう。そうすることで、相手も日本人がどの程度の距離感で話すことが心地いいのかを知る機会になります。

　非言語コミュニケーションと言語コミュニケーションは、それぞれを補い合う、どちらも大切なコミュニケーションと言えそうですね。

行動・対応の違いによる「壁」

　これまで、コミュニケーションの仕方による違いや、非言語コミュニケーションのやり方や解釈の違いについてご紹介してきました。しかし、コミュニケーション上、問題となる違いはこれだけではありません。それは、何かをするときにどのようにふるまうか、また、どのように対応するのが適切だと考えるかという問題です。これは、考え方や価値観の違いにもつながることなので、なかなかその意図がわかりにくい場合が多いです。外国人がどのような判断をして、どのようなコミュニケーションを行うのか、また、日本語の母語話者がどのような考え方から、どのようなコミュニケーションを行っているのか。そうしたお互いについての考え方に関する知識を持っていないと、誤解をする可能性もあります。お互いに相手を理解し、尊重する気持ちがとても重要になってきます。

51

日本語、お上手ですね

　先日、ベトナムから来た女子留学生が、なんだか元気がない
ので、「どうしたの？」と聞いてみました。すると、日本人に
「日本語、お上手ですね」と言われたと答えました。「ほめら
れたのだから、良かったじゃない。本当に○○さんは、日本語
上手だし」と言ったら、「全然うれしくないです！」と言いま
す。どういうことだろうと、詳しく話を聞いてみました。

　彼女が言うには、ちょっと日本語で話すと、日本人はすぐ
「日本語が上手ですね」と言うそうです。その話を聞いていた
ほかの留学生も、みんな「そうそう、すぐ上手だって言う」
「わたしなんか、以前、自己紹介しただけでほめられた」「僕
なんか、『初めまして』って挨拶しただけでほめられたよ」と
口々にほめられたときの話をし始めました。

　ただ、みんな、うれしそうに話しているわけではなく、微妙
な空気が流れています。そこで、「どうして、ほめられたのに
うれしくないの？」と聞いてみますと、こんな話をしてくれま
した。

　日本に来て間もないころは、日本語を習い始めて、たどたど
しい日本語で日本人に話していたので、話が通じたときは本当

にうれしかったし、「上手だ」とほめてもらえて単純に喜んで
いたそうです。

けれども、そのうち、誰も彼も簡単にほめることがわかって
きて、しかも、ちょっと挨拶したり、簡単な日本語で話したり
しただけなのに、「日本語、お上手ですね」と言われて、だん
だん複雑な気持ちになってきたそうです。さらに、まだまだ初
心者で、それほど上手でもないのに、ほめられると、「もしか
して、馬鹿にされてる?」と感じるようになったと言います。

その後、数年日本語の勉強をして自分の日本語レベルが上が
り、もっともっと自然な日本語で適切に伝えられるようになり
たいと思うようになってからは、自分の日本語力はまだまだだ
と思い、ほめられたときは、謙遜ではなく、本心から「まだま
だです」と答えるようになったそうです。

今は、就職活動を始めていて、社会に出て日本人と一緒に働
くためにはもっともっと日本語力が必要だと痛感するように
なったと言います。そんなときに「日本語、お上手ですね」と
言われたので、「本当に自分が上手ならうれしいけど、まだま
だなのに、ほめられるのは複雑です」という答えが返ってきま
した。

何とも複雑な胸のうちです。目指すレベルが高くなればなる
ほど、ほめられても、それを素直に受け取れなくなっていたの
でしょう。

相手の能力をほめるという行為そのものが、日本社会では、
上の立場の人から下の立場の人にする行為です。社長は部下に
対して、いい仕事をして「よくやった。君は優秀だね」とほめ

245

ることはできますが、部下が社長に対して、「社長は素晴らしい経営能力をもっていて優秀ですね」などとほめたりはしません。

　教師は生徒に「よくできました」とほめますが、生徒が先生に「今日の授業は、よくできました」とほめることもありません。つまり、能力をほめるという行為は、相手を評価しているわけですから、評価できる立場の人がする行為だと理解できます。

　そういう点からも、日本人は、日本語の母語話者という有利な立場にあって、悪気はまったくないのですが、外国人の日本語の能力について無意識のうちに上から評価していたのかもしれません。それに、一般的に外国語に苦手意識を持っている日本人が多いため、外国語をうまく操っている人を見ると、ほめたくなるという側面もあるかもしれません。

　このほめるという行為は、万国共通なのですが、何に対してほめるのか、誰が誰に対してどの程度ほめるのかについては、文化によって違いがあります。

　アジア圏の文化では、比較的似ていますが、アメリカと比較すると、アメリカのほうがほめる頻度が多く、親しい人との間で気軽にほめる習慣があります。夫婦間でも、親子間でも、恋人同士でも、友人同士でも、能力や努力したこと、性格や好みや持ち物について、頻繁にほめ合うのです。

　そして、ほめられたら、「上手になったでしょう。必死になって勉強したのよ」とか、「ありがとう。いいセーターでしょ。誕生日にもらったものなんだ」などと、自分の長所や能

力やほめられた物のよさなどを正直に認めて、どうして上達したか、どうやってよいものを手に入れたか、などを遠慮しないで話すのです。

　ですから、もし日本人がアメリカ人をほめたとしても、「いえいえ、それほどでも」と謙遜したりしません。「はい、私は日本語が上手になりました。ありがとう」などと自分の能力を認める発言をするでしょう。

　それを聞いた日本人は、相手のことを「この人、自信家だな」とか、「ずいぶん、はっきり言う人なんだな」と驚くかもしれません。ほめられることに対する言語文化の違いなのですが、個人的な性格について誤解をしてしまう危険性があります。

　逆に、もし、日本人がアメリカ人にほめられたときに、日本的に「いえ、私の力はまだまだで、大したことはありません」と謙遜したら、アメリカ人は、「あなたは、自分の能力を全くわかっていませんね」と真剣に異論を唱えてくるでしょう。謙遜する必要はないと主張してくるかもしれません。

　気軽にほめ合うアメリカに対して、日本では、ほめるという行為そのものがそれほど多くなく、相手を評価する関係にある上の立場の人から下の立場の人に対してほめるか、ごく親しい人の間でほめ合うという場合が多いようです。

　初めに紹介したベトナム人留学生も、母国でほめられることはあるけれども、ほめられるのは大体、社交辞令的な形式的なものが多く、ほめられたほうもそれがわかっているので、お礼を言って返すと言っていました。親しくない人からすごくほめ

られるとお世辞なのかなと思ってしまうとも言っていました。

　コミュニケーションは言葉を通して行うものと考えている欧米人の考え方と、言葉に出さなくても相手はわかってくれると考える日本的な考え方。前者は、よいことはよいと言葉にして伝え、後者はよいと思っていることを態度や表情から察してわかってくれるだろうと考えて、特に言葉にしません。

　だからこそ、最初に紹介した学生は、いつも言葉に出さない日本人が言葉に出してほめたので、何があるのだろうと余計に疑ったのかもしれませんね。あらためて、ほめることの難しさを感じた出来事でした。

52

大変よくできました！

　オリンピックやワールドカップなど、世界規模のスポーツ大会では、世界中のトッププレーヤーによる競技に感動します。オリンピックでは金・銀・銅のたった3つのメダルを目指して、100分の1秒を争ったり、ほんの数センチでも遠くへ、高く、と渾身の力を振り絞り、人間の力の限界を証明しようとしているように見えます。

　試合が終わった後は、万感胸に迫り、涙する人、満面に笑みを浮かべて人々の声援に応える人、持っている力を思うように出せなくて悔しさから言葉に詰まる人など様々ですが、多くの選手が、試合後のインタビューでこれまで支えてきてくれた人々に感謝の気持ちを述べるシーンが印象に残ります。これらは、力を出し切ったという満足感や努力の積み重ねがあったからこそ、というコメントの数々だろうと思います。

　そうした選手たちに対してインタビューをしている方からは、「おめでとうございます」「すばらしかったですね」「感動をもらいました」などといった感想が多く述べられるように思います。あれほどの演技や試合を見せてもらったのですから、選手の能力を最大限に評価して、「今のあなたの能力を全て出

し切っていましたね」「とても速く走れましたね」「これまでのジャンプの中でいちばんいいジャンプでした」「大変よくできました」などとほめ称えたいところですが、そのような言い方をすることはあまりありません。

それは、日本語コミュニケーションでは、相手をほめるということが限定された言語行為だからなのです。

ちょっと思い出してみてください。あなたは誰からどんなふうにほめてもらったことがありますか？

子どもの頃、100点を取って先生からほめてもらった。頑張って練習して初めて逆上がりができたときに父親にほめてもらった。運動部の試合で、強豪と言われた相手を下してコーチにほめてもらった。などなど、思い当たることはあると思います。ただ、どれも、共通していることがあるのではないでしょうか。

前項でも述べましたが、日本語コミュニケーションでは、その人の能力についてほめるとき、ほめる人とほめられる人の関係が決まっていて、上の立場の人が下の立場の相手をほめるのです。

つまり、ほめるという行為は、相手を評価する立場にある人がすることであって、下の立場の人が目上の人の能力をほめるという言語習慣はあまりありません。

何度か経験したことがあるのですが、授業が終わった後、留学生がにこにこしながらやってきて、「先生、今日の授業はとてもよくわかったし、とても面白かったです。とても上手でした」と言って帰っていく人がいます。よい授業ができたのだと

いうことはわかりますが、「とても上手でした」と言われると、
「ああ、それはどうもありがとうございます」と、こちらが
深々とお辞儀をしそうになります。

　日本語コミュニケーションでは、年上の人を直接ほめるの
は、「社長はゴルフがお上手ですね」「素敵なネクタイですね」
と、趣味や持ち物などに関して言うことはあるかもしれません
が、仕事の場で、「課長はプレゼンが上手ですね。今日はよく
できたと思います」と部下が上司の能力を評価するような言い
方はしません。

　ほめられた上司も、そう言われるとうれしい半面、「部下の
あなたに言われたくない」という気持ちにもなります。こうい
う複雑な心境は、なかなか外国人にはわかりにくいようです。

　それでは、先ほどの授業後のような場合、一体どう言えば、
相手に自分の考えを伝えることができるのでしょうか。

　その答えは、自分の利益の明確化と感謝にあります。例え
ば、「今日の授業は大変勉強になりました。ありがとうござい
ました」とか、「課長の素晴らしいプレゼンを拝見して大変勉
強させていただきました。私も今後このようなプレゼンができ
るようになりたいと思います。ありがとうございました」と
いった言い方が適切です。

　自分にとって相手の行為や行動がどのように役に立ったの
か、どんな利点があったのかを述べて、そのような恩恵を与え
てくれた相手に感謝を示すのです。

　相手の能力をほめることは、一見、相手を喜ばせる言語行為
のように思いますが、そこに明らかな上下関係があるときは、

下の者が上の者を評価し、上の者の能力を判定していることにつながります。

　上下関係を重んじるコミュニケーション文化では、こうした行為は回避することが要求されます。そして、明示的にほめるのではなく、感謝の気持ちを表現することが上下関係のコミュニケーションを円滑にします。

　日本語コミュニケーションで「感謝の言葉」は、競技をする人にとっても、それを観る人にとっても、また、上の立場でも下の立場でも、人間関係を築くための重要な表現と言えるでしょう。

53

先生、クラスを変更してください！

《 主張する人・従う人 》

　この項では、日本人に教える場合と外国人に教える場合との違いについて取り上げます。どんな科目であれ、教える相手が違えば、教え方は変わります。さらに、外国人に教える場合には、その人の背景にある文化や価値観を理解しておく必要があります。

　外国語を教える場合、まず、その学習者がこれまでに学んで知っていることや身に付けている外国語のレベルがどの程度なのかを知るために、プレイスメントテストを行います。それによって現在のレベルを判断し、どのクラスに入れようか、どんなことを教えようか、また、どのような方法で教えようかと考えながらシラバス（授業計画）を作成します。

　プレイスメントテストに聴解・会話・作文テストなどが含まれていない場合、4技能（聞く・話す・読む・書く）の各言語運用力がどの程度あるのかを測れないこともあり、様々な点について配慮をしてクラス分けをしなければなりません。

　そして授業をスタートすると、そのクラス分けについて変更を申し出てくる学生が出てきます。皆さんは、クラス分けに対して変更を申し出たことはありますか？　一般的に、日本人は

決められたことに異議を唱える人は少ないのではないでしょうか。学校側が決めたことに対しては、一定の価値を認め、それに従う人が多いと思います。

しかし、外国人は、どんなことに対しても、少しでも居心地が悪かったり、違和感を感じたら、すぐ変更を申し出てきます。

日本人しか教えた経験がない先生の中には、「教師が決めたことだから、変更は認めない」という理由で断る人がいます。もちろん、それなりの理由があってクラス分けをしているのですから、それを軽んじるべきではありませんが、学校が決めたからとか、教師が決めたからという理由で変更の申し出を断っても、多くの外国人は納得しません。

自分には学ぶ権利があり、学ぶことに関わる全てのことについて関与するのが当然だと思っているからです。自分が納得できる理由がなければ、きっと強く主張してくるでしょう。

また、こうしたクラス変更の申し出には、ある傾向があります。よくあるのが、「自分はもっとできると思うので、上のレベルのクラスに移動したい」という申し出です。プレイスメントテストの結果を見ると、決してクラスの上位者ではないのですが、「自分は先生の話もほとんど理解できるし、発言も多くできる。もっと上のクラスで勉強したい」と申し出ます。

一方、「授業が難しいので、もっと下のレベルのクラスに変わりたい」という申し出をする学生もいます。「ほかのクラスメイトのようにペラペラ話せないから、とてもついていけない」と言うのです。けれども、こういう申し出をする学生ほ

ど、プレイスメントテストでは、クラスで1番、2番という上位の学生だったりします。

　プレイスメントテストの結果（点数）を知っている教師から見ると、本当に不思議な傾向なのですが、日本語教育の現場では、よくあることです。

　どうしてこのようなことが起きるのでしょうか。一つには、上述したような4技能のレベルの違いがあります。授業が始まってすぐの時期は、どうしてもよく聞き取れて話せる人が目立つため、教師の発言に適切に早く答えられる学生がよくできるように見えます。そのため、それほど知識としては十分なものがなくても、授業初期のまだ簡単な復習などをやっている段階では、「聞く・話す」の技能がある、または、それに慣れている学習者のほうがよくできるように感じるのです。

　また、申し出をしてきた学生の母語や母国を調べてみると、ある傾向が見えてきます。前者のように自分の能力を高く評価する学生は、多くの場合、個人主義的傾向が強い文化圏から来た学生です。そして、後者のような、十分な知識があっても自分自身に対して控えめな評価を行い、もっと基礎からやりたいと申し出るのは、集団主義的傾向が強い文化圏、特にアジア圏から来た学生です。

　個人主義的傾向がある文化圏では、自分の視点から物事を考えることがよいとされる文化ですから、自分に対して高い評価をして自信をもって物事にあたるということが社会的に求められています。ですから、少しでも「自分はできる」と思えば、すぐ行動に移して、より上のクラスに入ることを主張します。

そして、勉強のやり方についても、自分が楽しいと思えば、俄然、やる気を出し、明らかな目標があれば、それだけに集中し、それ以外の部分はやりたくなければやらないこともあります。

　例えば、言語を使ってコミュニケーションをすることが目標であれば、地道な漢字の勉強や必要性が直接認められない読解などについて、あまり興味を持たないこともあります。

　それに対して、集団主義的傾向がある文化圏の学生は、グループの中で自分を控えめに評価して、少しでもできないことがあれば、それができるようになってから次に進みたいと考え、グループ内で決められた評価を重視します。

　そして、よい成績をとるための勉強や基礎力をつけるための地道な学習など、すぐ使える言語の勉強でなくても、勉強のための勉強のような学習でも、教師が必要だと言えば、コツコツとやっていきます。そのため、ロールプレイやゲームを活用した楽しい学習方法などに学習の価値を見出せないこともあります。

　後者の学生の中に、台湾人学生が入りますが、以前、難しい漢字や語彙を覚えるためにゲームをしたら、「先生、遊ばないで、授業をしてください」と言われたことがありました。それに対して、前者の学生の代表とも言えるアメリカ人学生は、ロールプレイやゲームになると、急に積極的になって生き生きとして大活躍でした。

　この両者の違いは、物事に対する考え方の違いから生じるものなので、その文化の違いを知らないと、なかなかその行動を

理解することができません。その学生が生意気で我が強いわけでもなく、消極的でやる気がないわけでもありません。単に、それぞれの学生が持っている文化的背景に従った行動や発言をしているのだということを認識して、教師は、それぞれの学習者が納得できる解決法を考える必要があります。

　異なる文化の学生を教えるためには、このような知識とともに、教師は対応力の柔軟性も必要なのです。

この勉強は何のためですか？

《 価値観の違い 》

　近年、日本の小中学校などの教育の場には、外国人子弟がいるのは珍しくありません。たとえ国籍は日本でも、どちらかの親が日本以外の国出身である場合や、日本人の両親のもとで生まれた子どもでも、親の仕事の都合などで幼少期に長く海外で暮らしていて、日本語が第一言語とは言いづらい環境だったという子どももいます。様々な海外とのかかわりを持つ子どもと日本で生まれ育った子どもが一緒に学ぶというケースは、特に珍しいことではなくなっています。

　外国人でなくても、このような様々な環境で育った人々を教える場合には、その人々を理解するためには、異文化の価値観を知っていることも必要です。

　例えば、文法の勉強などを中心に授業を進めているときにも、学習者の対応が違うことがあります。「今日は受身形の勉強をしましょう」と言って、受身形がどのようなもので、どのようなときに使用するかや、動詞の活用の仕方を説明します。

　そして、受身形の動詞の活用をドリル練習しているとき、アジア系の学生は正しく早く覚えようと熱心に口頭練習したり、書いて覚えたりしますが、欧米系の学生は、今一つ身が入ら

ず、つまらなそうにしています。

　しかし、その後、受身形を使った会話練習で、例えば「いやなことがあった一日を友人に訴える」という実践的な活動に入ると、急に欧米系の学生たちは元気を取り戻し、「こういうことをホームステイ先のお母さんに言いたかったんだ」と言って、「今朝は、隣の犬の鳴き声がうるさくて起こされたし、電車では背中を押されて足を踏まれて、本当にひどい一日でした」などと熱心に自分の身に起きたエピソードを話し始めます。

　この対応の違いは、学習に対する意味付けにあると思います。何のために今学んでいるのかということが、現実的で明示されていると欧米系の学生は、非常に積極的で意欲的に取り組もうとしますが、「受身形を学ぶ」というような勉強のための勉強について、それが自分にとってどのように役に立つのか、どのような意味があるのかが直接的につながらないときは、意欲的にはなれないようです。

　しかし、一般的にアジア系の学生は、こうした学習に対しても、受身形のような文法知識は語学の勉強の基礎だとわかると、「取る → 取られる」「押す → 押される」などと非常に熱心に取り組みます。そして、その勉強が試験の点数や成績に影響するとわかると、より一層、真面目に取り組もうとするのです。

　このような違いは、価値観の違いからくるものだと考えます。欧米系の学生に多い考え方は、自分についての評価に対して控えめに述べることはなく、できることについては自信を

もって明確に能力があることを示すことがいいと考えています。そして、教育の目的も明確であり、その目的に合うものに対しては積極的で意欲的で、学ぶ権利を持っていると捉え、授業では楽しいことも重要な価値を持ちます。

それに対して、アジア系の学生たちに多いのは、学習環境の中でも調和をとって行うことが優先され、自分についての評価に対しては控えめな表現を使います。教育の目的は、どちらかというと具体的な方法などを学習するという目的でなされていて、学習者という立場を意識した態度を保ち、学ぶということに対して楽しさを優先するより、勉強しなければならないという義務感から自分を律する傾向があります。

このような対立的な価値観を持っている学生たちなので、学習場面でのちょっとした言動もかなり違った表現で行われます。日本人の教師としては、どちらかというとアジア系の学習者の言動のほうが理解しやすいかもしれません。

しかし、欧米系の学生たちも、決して悪気があるわけではなく、教師に反抗的なわけでもなく、自分たちの当然の言動だと思って普通に述べているのです。同じクラスに、このように異なった考え方を持つ学習者がいる場合には、クラス運営にも多様性が必要となります。

授業では、今やっている学習活動がどのような意味があるのかを一つひとつきちんと明示し、言葉で説明してあげることで、授業への態度も変わってきます。

グローバルな社会になると、教育もグローバルに様々な価値観を受け入れて、その特性を知って対応していく必要があります。

「ちょっと今日は…」って、何ですか？

　大学は、2月はとても忙しい時期です。学年末であり、4月からの新学期の準備の時期でもあり、いわゆる盆と正月が一緒に来たような忙しさになります。さらに、卒業や交換留学生の留学修了の時期も重なり、お別れ会や打ち上げ会なども多く開かれます。

　コロナ禍以前は、2月に韓国と台湾からの交換留学生とのお別れ会をいつもやっていました。ある年のお別れ会で、日本でいちばん大変だったことを交換留学生に聞いたところ、「日本語が使えるようになっても適切に使うのは、本当に難しい」と言っていました。

　「使えるのに適切に使えない？」と不思議に思われるかもしれませんが、そこが日本語と日本語コミュニケーションとの違いなのです。日本語の文法的な意味はわかっていても、本当に意図したことがわからなかったり、相手やその状況に適切に対応して話せなかったりする難しさが日本語コミュニケーションの難しさなのです。

　中国人留学生のAさんは、いろいろな国から来た留学生と日本人学生が集まる交流会に行って、いろいろな人と知り合いに

なり、交流会の後で「パスタでも食べに行かない？」と誘われたそうです。しかし、すでに遅い時間になっていて、寮に住んでいるＡさんは、すぐ帰らなければならなくて、残念だったけれども二次会は断って帰ったそうです。Ａさんだけでなく、日本人学生のＢさんも二次会には行かなかったそうです。ただ、断ったときのみんなの反応が、Ａさんの場合とＢさんの場合では全然違ったそうです。

　中国人のＡさんは、中国人の友だちにいつも言うように「寮の門限があるので、行きません」とはっきりと言ったそうです。そうすると、さっきまで笑顔でおしゃべりしていた周りにいた人たちが、一瞬で硬い表情になって、少し沈黙があった後、「あ、そうですか」「寮だったら、しかたないね」と言ったそうです。そのあと、日本人のＢさんも断ったそうです。

　そのとき、Ｂさんは、「せっかく誘ってもらったんだけど、私もちょっと今日は…。ごめんなさい」といかにも申し訳なさそうに話したそうです。そうすると、周りのみんなは、「いいよ、いいよ、気にしなくても」「そうだよ、今日は突然だったからね。また行こうね」とＢさんを慰めているように見えたそうです。

　断り方の文化差については、前にも触れましたが、この二人の言い方の違いと、その周りの人の反応の違いを、日本人なら、すぐ理解できるでしょう。

　Ａさんの言い方は直接的で、はっきり断る言い方だったのに対して、Ｂさんの言い方は、断りの言葉はひと言も言わない間接的な言い方で、謝りや残念な気持ちを述べています。相手に

もよりますが、それほど親しくない人に対して、日本人はこのような言い方をする人が多いのではないでしょうか。

　世界のコミュニケーションの中には、わかりやすく話すことがよいとされ、直接的な表現で話すことがいいという言語文化もあります。そういう言語文化を背景に持つ人々であれば、日本的な話し方をしたら、「ちょっと今日は、何ですか？」と聞いてくるかもしれません。

　また、同じ断る場合でも、日本人の場合は、「今日はそのつもりでなかったし、寮に住んでいるから門限も厳しいし、本当は行きたいけど、行けないんです。本当にすみません。また誘ってください」というふうに、行けない事情や理由を簡単に述べて、お詫びとともに関係修復のための言葉を添えるという話し方をします。

　けれども、中国語コミュニケーションでは、「今日は行けないんです。残念です」というふうに、行けないことをまず告げて、残念な気持ちだけを述べるという言い方をして、特に行けない理由を相手に話さない人もいると言われています。

　単に、理由を言うかどうかだけの違いじゃないかと思われるかもしれませんが、日本人の場合は、理由を詳しく話しすぎるのも問題になりやすいですが、行けない理由を何も言わないと、本当に理由があって行かないのか、単に行くのが嫌なのかなどと変に勘ぐられてしまうかもしれません。それに、誘った返事で、いきなり「行けない」と言ったら、それだけでちょっと感じ悪いと思われてしまいます。

　同じように「行けない」ということは伝えているのに、最初

に断りの言葉を伝えたり、断る理由を全く述べなかったりすると、「行けない」ということだけでなく、あまりよくない雰囲気を生み、人間関係に影響を与えてしまうのです。

　しかも、都合の悪いことに、このようなコミュニケーション上の適切性については、文法書のどこにも書いてないので、知らないで自分の母語のコミュニケーションと同じやり方で話している人が多く、相手が自分の話し方について、どのように感じているかを知る術もないのです。

　日本人が英語で話すときに、このような日本的なコミュニケーションの仕方をしたら、きっとわかりにくい話し方になってしまい、自分では丁寧にきちんと話したと思ったのに、相手から"So what?"（だから何？）と、きつい調子で言われてしまうかもしれません。

　何かをするときに、どんなことをどんな順序で話さなければならないのかを学ぶことが、その言語のコミュニケーションを学ぶということです。

　留学生のAさんも、留学経験を通して多くの日本語コミュニケーションの仕方を学んだそうです。生きた言葉を学ぶとは、そういうことなのでしょう。

【おすすめの参考図書】

＊Partごとに掲載順で並べた「おすすめ」です。

●Part 1　外国人が生活の中でぶつかる「壁」

田守育啓『オノマトペ　擬音・擬態語をたのしむ』（岩波書店）

小野正弘『オノマトペがあるから日本語は楽しい』（平凡社）

荻原稚佳子『絵でわかる日本語使い分け辞典1000』（アルク）

黒川伊保子『怪獣の名はなぜガギグゲゴなのか』（新潮社）

黒川伊保子『人は語感で「いい・悪い」を決める』（河出書房新社）

東京書籍編集部『日本語検定必勝単語帳 入門編』『同 発展編』

山根智恵（監）『研究社 日本語口語表現辞典』（研究社）/ ⇨Part2

飯田朝子『数え方の辞典』（小学館）

国立国語研究所『東北方言オノマトペ用例集』// tohoku_onomatopoeia
　(1).pdf

出入国在留管理庁・文化庁『在留支援のためのやさしい日本語ガイド
　ライン』// 930006072.pdf (moj.go.jp)

大阪府『やさしい日本語を使いましょう！』// 1-40.pdf (osaka.lg.jp)

●Part 2　日本的な話し方の「壁」

泉原省二『日本語類義表現使い分け辞典』（研究社）/ ⇨Part3

東照二『社会言語学入門―生きた言葉のおもしろさに迫る』（研究社）

八代京子・町恵理子・小池浩子・吉田友子『異文化トレーニング』
　（三修社）/ ⇨Part3, Part5, Part6

荻原稚佳子・齊藤眞理子・伊藤とく美『日本語超級話者へのかけはし
　―きちんと伝える技術と表現』（スリーエーネットワーク）

ホール、エドワード・T『文化を超えて』（阪急コミュニケーションズ）

白川博之『「言いさし文」の研究』（くろしお出版）

荻原稚佳子『言いさし発話の解釈理論―「会話目的達成スキーマ」による展開』（春風社）

荻原稚佳子（2015）「日中母語話者の繰り返しを含む会話の連鎖からみえる会話スタイル―質問‐応答場面の連鎖を中心に」//『多文化関係学』12　多文化関係学会　pp.35-55.

荻原稚佳子（2015）「話し手の言いさし使用の実態と聞き手の解釈：会話の目的を基にした推量を中心に」//『日本語学』No.34-7　pp.52-64（明治書院）

荻原稚佳子（2020）「ベトナム語母語話者の繰り返しを含む会話の連鎖からみえる会話スタイル：質問-応答場面の連鎖を中心に 」//『応用言語学研究』 明海大学大学院応用言語学研究科紀要22　pp.29-45.

Kaplan, R. B. (1966). *Cultural Thought Patterns in Inter-cultural Education.* Language Learning, 16, 1-20

●Part 3　語法・文法の「壁」

市川保子『初級日本語文法と教え方のポイント』（スリーエーネットワーク）

松岡弘（監）『日本語文法ハンドブック』（スリーエーネットワーク）

原沢伊都夫『考えて、解いて、学ぶ日本語教育の文法』（スリーエーネットワーク）

江田すみれ『「ている」「ていた」「ていない」のアスペクト』（くろしお出版）

江田すみれ・堀恵子（編）『自動詞と他動詞の教え方を考える』（くろしお出版）

文化審議会答申「敬語の指針」// keigo_tousin.pdf (bunka.go.jp)

牧野成一『ウチとソトの言語文化学―文法を文化で切る』（アルク）

三宅和子『日本語の対人関係把握と配慮言語行動』（ひつじ書房）

山内博之『誰よりもキミが好き―日本語力を磨く二義文クイズ』（ア
　ルク）

●Part 4　言葉のバリエーションの「壁」
金水敏『〈役割語〉小辞典』（研究社）
金水敏『ヴァーチャル日本語 役割語の謎』（岩波書店）
金水敏『役割語研究の地平』（くろしお出版）
金水敏『役割語研究の展開』（くろしお出版）
米川明彦『集団語辞典』（東京堂出版）
米川明彦『若者ことば辞典』（東京堂書店）
山口仲美『若者言葉に耳をすませば』（講談社）
山西治男『ポケット版 外来語新語辞典』（成美堂出版）
堀内克明（監）『現代用語の基礎知識 カタカナ外来語ABC略語辞典 第
　6版』（自由国民社）

●Part 5　言葉のバリエーションの「壁」
V・P・リッチモンド、J・C・マクロスキー『非言語行動の心理学―対
　人関係とコミュニケーション理解のために』（北大路書房）
A・マレービアン『非言語コミュニケーション』（聖文社）
M・L・ナップ『人間関係における非言語情報伝達』（東海大学出版会）
東山安子「日本人のコミュニケーション」//『コミュニケーション基本
　図書　日本人のコミュニケーション』（桐原書店）
泉子・K・メイナード『会話分析』（くろしお出版）/ ⇒Part6
渋谷昌三『人と人との快適距離―パーソナル・スペースとは何か』
　（NHKブックス）
泉子・K・メイナード「日米会話に於けるあいづち表現」//『月刊 日本
　語』（16）pp.88-92.

国立国語研究所『対照研究と日本語教育』（くろしお出版）

国立国語研究所『言語行動における「配慮」の諸相』（くろしお出版）

● Part 6　行動・対応の違いによる「壁」

石井敏・久米昭元・長谷川典子・桜木俊行・石黒武人『はじめて学ぶ異文化コミュニケーション』（有斐閣選書）

滝浦真人・大橋理枝『日本語とコミュニケーション』（放送大学教育振興会）

田辺洋二「ほめ言葉の日・英比較」『日本語学』15（5）pp.33-42.（明治書院）

森山卓郎「断りの方略：対人調整とコミュニケーション」//『月刊言語』19（8）pp.59-66.（大修館書店）

山岡政紀・牧原功・小野正樹『コミュニケーションと配慮表現―日本語語用論入門』（明治書院）

橋内武『ディスコース―談話の織りなす世界』（くろしお出版）

おわりに

　「はじめに」でも述べましたが、今後日本にいても外国人と日本語で話をする機会は確実に増えていきます。そうなると、日本語は日本人のためだけにあるのではない、と意識を変えていく必要があると思います。

　本書では、外国人が話す日本語が、文法的には間違っていないのだけれど、何か日本人の日本語とは違うという話や、日本人が話す日本語で外国人には理解が難しい話し方などについてご紹介しました。これからは、日本人の日本語コミュニケーションだけが、「正しい日本語」の話し方なのだという意識を少しずつ変えていく必要があるように思います。

　言いにくいことは言わないで言いにごすとか、相手に何かをやめてほしいと注意をしたいときに、肝心な「やめてください」というような文言は使わず、「あなたの行動で困っています」というような言い方をする日本的なコミュニケーションの取り方についてもご紹介しました。

　このようなコミュニケーションの仕方を外国人に対してもするべきだと思いますか？　オノマトペ（擬音語・擬態語）を多用したり、同音異義語（「優良」と「有料」など）を紛らわしい文脈で使ったり、「結構です」「大丈夫です」のようないろいろな意味にとれる表現で応えたりするのも、外国人には理解に負担がかかる言い方だということもご紹介しました。

　日本人同士ではうまく伝わるからという理由で、外国人にも同じような日本語表現を操り、日本人的な話し方をするべきだ

と考える人もいるかもしれません。しかし、それは、日本人的な発想や思考を押し付けることになり、日本語を学んでいる外国人を日本人に同化させようとしていることに他なりません。

　異文化コミュニケーションの分野では、そのような考え方は「自己中心主義」と呼び、自文化がいちばん優れており、他文化の人はそれに従うべきだという考え方とされます。自文化を大切にして尊重することは大切なことですが、日本語を話すときに、コミュニケーションの仕方も含めた、他文化を尊重しないという考え方はどうでしょうか？　考え方や文化、習慣をお互いに尊重するという「文化相対主義」の考え方に基づいてコミュニケーションをとるよう心掛けるべきだと思いませんか？

　そうすれば、自分のやり方だけでなく、相手のやり方も尊重しながら、おおらかに許容することができるようになります。日本人からすると、少しきつく聞こえるような直接的な言い方も、わかりやすい言い方だと捉えることができますし、「うん」「ええ」などの相づちや「えーっと」「あのー」などのフィラー（つなぎ言葉）の使用が少なくても端的な会話だと思えます。

　「口をあけてください」を「口をあいてください」、「ドアが閉まりました」を「ドアが閉めました」などのように自動詞と他動詞を間違えて使っても、意味はだいたい想像できますし、「先輩が教えてくれました」を「先輩が教えました」、「田中さんに持ってきてもらいました」を「田中さんが持ってきました」などと言っても、先輩や田中さんへの感謝の気持ちがないわけではありません。また、誘ったときに、「今日は行けません」とはっきり言われても、相手が嫌いだから行かない

わけではありません。

　日本語を話すときは、外国人にわかりにくい日本語を避け、わかりやすい言葉にして使うことができるといいと思います。また、聞き手になったときは、おおらかな気持ちになって、相手の言い方が日本人がよく使う言い方でなくても許容し、不明なときは、わかったふりをせず、本当の意図を確かめたり、正直に「日本人はこういうとき、違う言い方をするから違いがあるね」と相違を話し合えるようになるといいと思っています。

　言葉や話し方から、相手の文化や習慣に根差した「価値観」や「思考」を知り、さらにお互いの「言語文化」を深く知ることで、お互いを尊重することになれば、コミュニケーションがもっと楽しくなると思うのです。それこそが、日本語による真の異文化コミュニケーションだと思っています。

　本書の元となる原稿を書く機会を与えてくださった日本語検定委員会の萩原民也氏、そしてそれを見て連載を企画し、依頼してくださった時事通信出版局の大久保昌彦氏、編集を担当してくださった小泉直紀氏、新井麻友氏に感謝申し上げます。そして、本書作成のために貴重なアドバイスをくださり、出版にご尽力くださった研究社の吉田尚志氏に深く御礼申し上げます。また、すべての原稿の第一読者になってくれた夫 義晶に心より感謝します。

　最後に、日本語の勉強をしながら日本で頑張っている外国人の皆さんに感謝の気持ちをお伝えするとともに、今後のご活躍をお祈りしております。

著　者

日本語コミュニケーションに関するFAQ
～異文化摩擦の最前線から～

2023年3月31日　初版発行

著者
荻原稚佳子(おぎわら・ちかこ)
© Chikako Ogiwara, 2023

発行者
吉田 尚志

発行所
株式会社　研 究 社

KENKYUSHA
〈検印省略〉

〒102-8152　東京都千代田区富士見2-11-3
電話　営業(03) 3288-7777(代)　編集(03)3288-7711(代)
振替　00150-9-26710
https://www.kenkyusha.co.jp/

印刷所
図書印刷株式会社

装丁·DTP
株式会社イオック(目崎智子)

ISBN 978-4-327-38489-0　C1081　Printed in Japan